Le Nouveau Modèle français

Du même auteur

La guerre civile n'aura pas lieu, Le Cerf, 2017.

Slow Démocratie, Allary Éditions, 2019, Points.

David Djaïz

Le Nouveau Modèle français

ALLARY ÉDITIONS
5, RUE D'HAUTEVILLE, PARIS X^e

Je dédie ce livre à toutes les bâtisseuses
et tous les bâtisseurs qui ont refait la France après 1945.

Et à toutes celles et tous ceux qui referont celle de demain.

L'action commune recommence inlassablement,
permettant à la France de demeurer.

INTRODUCTION

Ce livre prend pour point de départ un constat : nous n'avons plus de modèle français, et cette absence est pour beaucoup dans ce que les observateurs et intellectuels de tous horizons ont qualifié de « malheur français »[1]. Une nation sans modèle est une nation sans boussole, qui se condamne au déclin économique, au délitement social et aux dissensions intestines.

Pourtant, à titre individuel, une large majorité de Français dit se porter plutôt bien. En 2018, 85 % d'entre eux se déclaraient plutôt satisfaits de leur situation et de leur vie personnelles avec une note moyenne de 7,3 sur 10, plaçant la France dans une honnête moyenne européenne[2]. Ce bien-être est en partie corroboré par les faits : une démographie qui reste l'une des plus dynamiques d'Europe, des paysages et un patrimoine historique extraordinaires, qui font de la France la première destination touristique mondiale, des inégalités sociales encore maîtrisées, des infrastructures publiques de grande qualité, une offre culturelle et récréative large et diversifiée, une protection sociale qui amortit les chocs économiques et sociaux, comme on l'a encore vu au moment de la crise du Covid avec un plan de soutien aux entreprises et aux salariés parmi les plus généreux du monde… Paradoxalement, si l'essentiel de nos concitoyens se montrent satisfaits de leur situation personnelle, l'image que les Français ont de leur condition collective est sombre. La France serait-elle, pour reprendre la formule de Sylvain Tesson, « un paradis peuplé de gens qui se croient en enfer » ? Au-delà du bon mot, il faut s'interroger sur ce paradoxe. D'où vient cet écart entre le sentiment du déclin qui nous étreint et une réalité objective bien plus nuancée ?

La réponse est à chercher dans notre incapacité à nous concevoir collectivement, de façon positive, dynamique, dans notre impuissance à formuler et à mettre en œuvre un modèle de société. Toute nation a besoin d'un projet qui la porte vers l'avenir. Nous en avions un, puissant, original, né au lendemain de la Libération, qui a reconstruit la France et l'a fait entrer dans la modernité, assurant sa prospérité et sa stabilité pendant plus de trente ans[3]. En 1945, toutes les forces politiques et sociales issues de la Résistance partagent un diagnostic commun, politique, économique et social. Ce consensus a donné au modèle français d'après-guerre une assise considérable. Il a été le fondement d'un programme ambitieux de reconstruction et de mutation des structures productives et sociales du pays, largement soutenu par la puissance publique et les nouvelles élites. Les nationalisations, la planification, la relance, la Sécurité sociale… permettent au pays une percée industrielle et un développement social sans précédent. Mais ce modèle « modernisateur » d'après-guerre n'aura fonctionné que trente ans.

Il atteint son apogée sous la présidence de Georges Pompidou, entre la fin des années 1960 et le début des années 1970, intervalle de très haute croissance, durant lequel certains économistes prédisent que la France deviendra la deuxième puissance mondiale à la fin du XXe siècle, puis le modèle se détraque. Commence alors une lente décomposition dont, près de cinq décennies plus tard, nous ne sommes pas encore sortis. Tous les aspects du modèle ont connu une longue déliquescence : l'économie a ralenti, l'innovation a fléchi, la société s'est fracturée, l'État s'est bureaucratisé, la démocratie s'est dévitalisée, la création culturelle et scientifique a calé… Les innovations institutionnelles des années 1980, comme l'accélération de la construction européenne ou la décentralisation, affichent, quant à elles, un bilan très mitigé. Toutes ces crises et difficultés ont été abondamment commentées, mais trop souvent séparément, alors qu'elles ont une source commune : l'inadaptation du modèle français d'après-guerre et l'absence de modèle de substitution.

Le projet de société né à la Libération s'est inscrit dans un périmètre national, dans une France encore rurale où les populations circulaient peu. Le nouveau modèle doit être pensé pour un monde globalisé dans lequel marchandises, capitaux, informations, services, êtres humains – et virus – circulent mondialement, selon des flux aussi denses que rapides. Le précédent modèle reposait sur la consommation de masse ainsi que sur une croissance productiviste et hypercarbonée ; le nouveau devra lier performance économique, équité sociale et souci de l'environnement.

D'autres pays ont mieux négocié que nous leur entrée dans la mondialisation. Dans les années 1980, la presse et les décideurs vantaient le modèle japonais. Puis ce fut le tour du modèle suédois, dans les années 1990. Vint ensuite le modèle allemand, loué dans les années 2000. Désormais, on cite – montée en puissance de l'Asie oblige – le modèle taïwanais ou sud-coréen. Si l'examen de leurs principes et ressorts peut être riche d'enseignements, il est absurde d'ériger ces modèles étrangers en exemples à suivre. Chaque nation puise dans sa démographie, sa géographie, son histoire, sa culture, sa langue, ses croyances et ses mythes, les ressorts de son développement. Un modèle national, synthèse très complexe d'éléments propres à un pays, ne peut prospérer que sur le terreau qui l'a vu naître. Le nôtre reste donc à réinventer et il devra être proprement français.

Pour en dessiner les contours, il s'agira moins de faire preuve d'imagination que d'attention. Attention portée aux signaux faibles d'une nouvelle société française qui émerge, apte à relever les défis futurs : changement climatique, érosion de la biodiversité, essoufflement de la civilisation républicaine, vieillissement démographique, mutations liées au numérique... Attention portée aussi à ce qui définit un modèle, ce qui fait qu'un projet de société s'incarne, devient opérant, façonne une communauté nationale et la projette dans l'avenir. Cela passe par l'analyse de ce qui s'est produit après-guerre et a permis à la France d'entrer dans la modernité du XXe siècle. Nous vivons encore sur cet héritage, mais dans une certaine mélancolie tant les dernières décennies sont marquées par un lent délitement du modèle qui avait pourtant assuré notre puissance et notre fierté collective. Pris dans la mondialisation et désormais dans la catastrophe écologique, nous ne pouvons pas revenir en arrière, mais nous devons trouver notre propre élan et une ardeur renouvelée. Ce livre entend prendre sa part dans cette aventure, en jetant les fondements de ce que pourrait être un nouveau modèle français pour le XXIe siècle.

PARTIE 1

Le modèle d'après-guerre

Chapitre 1

La Modernisation triomphante (1944-1968)

Un nouveau départ : le diagnostic partagé (1944-1945)

Le corps disloqué de la France

Les Parisiens ont attendu la nouvelle toute la journée. Ils savent les Alliés proches, déjà, Chartres et Rambouillet ont été délivrés, Paris est la suivante. Toute la journée, la fusillade a retenti dans les rues désertées, du côté de la gare de l'Est et du canal de l'Ourcq. Le soir de ce 25 août 1944, tous les Parisiens sont suspendus à leur poste de radio, à 21 h 45 la nouvelle tombe : Paris est libéré ! Le premier char français, le « Romilly », est arrivé devant l'Hôtel de Ville. Partout la *Marseillaise* résonne. Pour la première fois depuis le jour de l'Appel, le Général s'accorde quelques minutes, il savoure la victoire.

Les Allemands ont quitté Paris sans la brûler et la Ville Lumière a été libérée par des forces françaises, la 2e division blindée du général Leclerc. L'honneur est sauf. En entendant le *Magnificat* chanté à la cathédrale Notre-Dame, de Gaulle est soulagé. Mais la satisfaction est de courte durée. Une fusillade éclate dans la cathédrale et il faut en sortir plus vite que prévu. Surtout, les Allemands occupent encore une partie du pays. Le Général pressent que la restauration de la paix civile sera une tâche ardue tout comme les combats à venir s'annoncent féroces. Il mesure l'immensité de ce qu'il reste à accomplir. Comme il l'écrit dans ses *Mémoires* : « En se retirant, la marée découvre le corps disloqué de la France. »[1]

Le pays est en effet dans la plus grande difficulté. Deux millions de Français sont encore internés ou prisonniers en Allemagne. L'économie est à l'arrêt. La machine productive a d'ailleurs plus souffert encore que lors de la Première Guerre mondiale : la production industrielle est tombée sous le tiers de son niveau de 1929. Un quart des bâtiments a été détruit. Un million de familles sont sans domicile. Moins de 45 % des lignes ferroviaires du pays sont praticables ; une locomotive sur six fonctionne. La pénurie est générale. Les Français manquent des denrées les plus élémentaires : œufs, viande, charbon, sans parler des millions de foyers privés d'électricité. À Paris, on estime que les habitants ont un apport calorique journalier inférieur de moitié au nécessaire pour être en bonne santé.

Les dégâts ne sont pas que matériels ; ils sont aussi psychologiques et moraux. L'effondrement de 1940 est pour les Français un traumatisme sans égal dans l'histoire du pays. Il n'aura fallu que quelques semaines, en mai-juin, pour que l'armée française, qui se voyait comme la plus puissante du monde, soit mise en déroute par la *Wehrmacht*. La débâcle est d'abord une défaite stratégique qui sanctionne l'ineptie de la doctrine défensive d'un état-major composé de généraux suffisants, âgés et dépassés, mais elle est aussi une défaite technique face à la supériorité industrielle et technologique allemande. L'armée française est littéralement prise de vitesse par les blindés et l'aviation ennemis.

Un consensus se fait heureusement jour dans le pays sur les causes de la débâcle de 1940 : la France n'était pas préparée, ni stratégiquement, ni industriellement, ni militairement. En 1946, *L'Étrange Défaite*, de l'historien Marc Bloch, écrit en 1940 alors que la brûlure de la capitulation est encore vive, paraît à titre posthume. Cette publication fait l'effet d'une déflagration, en raison du destin tragique de son auteur : Marc Bloch, qui appartenait à des réseaux de la Résistance, a été arrêté et fusillé par la Gestapo en

1944. Dans *L'Étrange Défaite*, l'historien accuse tour à tour le commandement militaire et les élites françaises de ne pas s'être préparés à la guerre moderne. L'année précédente avait paru *À l'échelle humaine*, de Léon Blum. L'élucidation des responsabilités y est un peu différente, Léon Blum étant plus indulgent vis-à-vis de la IIIe République et du parlementarisme, mais le constat de base est le même, implacable : les élites françaises ont pêché par manque de préparation technique et par conservatisme intellectuel.

L'effondrement de 1940 pèse de tout son poids sur la pysché nationale, et sur le regard blessé et honteux que la France si orgueilleuse porte sur elle-même. Le régime de Vichy avait bien tenté, par une spectaculaire inversion du stigmate, de faire porter la faute de la débâcle sur le peuple français en fustigeant par la voix de Pétain son « esprit de jouissance » qui l'aurait emporté sur l'esprit de sacrifice. Mais s'il y a bien une responsabilité écrasante, elle se trouve du côté de l'état-major et plus largement au niveau des élites politiques et intellectuelles du pays. Des officiers arc-boutés sur leurs théories défensives réalisées dans l'impuissante ligne Maginot ; des hommes politiques corrompus, plus soucieux de leur carrière que du sort de la France ; des universitaires et académiciens radotants et dépassés ; un patronat arriéré et malthusien, plus concentré à préserver ses rentes qu'à moderniser la machine productive du pays... La gérontocratie et la pusillanimité des élites françaises d'avant-guerre sont une évidence à tout regard un tant soit peu observateur. Le dur constat d'un pays à l'arrêt, empêtré dans ses certitudes et habitudes, s'impose donc au lendemain de la victoire par-delà les destructions de la guerre et les pénuries en tout genre. Et le doigt accusateur pointe tout particulièrement ces élites, dont Marc Bloch avait dressé le réquisitoire accablant : « La France de la défaite aura eu un gouvernement de vieillards. La France d'un nouveau printemps devra être la chose des jeunes. Sur leurs aînés de l'ancienne guerre, ils possèderont le triste privilège de ne pas avoir à se garer de la paresse de la victoire. Quel que puisse être le succès final, l'ombre du grand désastre de 1940 n'est pas près de s'effacer. Peut-être est-ce une bonne chose d'être ainsi contraints de travailler dans la rage ? »[2]

En réalité, la guerre a joué le rôle d'accélérateur d'un sentiment de décrochage qui se diffusait timidement depuis les années 1930 au sein de groupes de réflexion très fermés, comme le Redressement français ou X-Crise, un club fondé en 1931 et animé par des polytechniciens acquis aux idées modernistes, partisans d'une planification permettant de contrer les effets délétères d'un marché dérégulé. Durant la guerre, toute la Résistance tombe d'accord sur la nécessité de moderniser en profondeur la France. Le Comité général d'études (CGE) réunit par exemple des universitaires, des experts et des intellectuels de la Résistance intérieure et publie, en novembre 1943, un rapport sur la politique de la France d'après-guerre[3]. Ce rapport conclut que la Résistance, dans son ensemble, aspire à un renouvellement en profondeur des structures économiques et sociales du pays. Les experts identifient clairement les priorités à donner à la suite de la Libération : moderniser en profondeur le pays, quitte à bousculer certains de ses fondamentaux économiques, sociaux et même culturels, comme on le verra avec la disparition du monde paysan. Cette grande réforme nécessite une intervention massive de l'État.

L'urgence de la modernisation

C'est donc dans le dur mais réaliste constat du retard français, insupportable à l'orgueil national, que la décision d'engager une modernisation durable des structures économiques du pays trouve sa source. Si de nombreux États-nations européens ont connu un processus de modernisation de l'appareil productif durant les années 1950-1960, la forme très particulière qu'il a prise en France s'explique par ce singulier sentiment de déclin qui a saisi les élites françaises à la gorge, cette impression que la France ne faisait plus la course en tête et se devait de remonter le peloton.

Pour les réformateurs, les années d'immédiat après-guerre s'apparentent donc à une course de vitesse qui doit permettre de décider si la France reste dans le jeu. Mais, bien sûr, le «jeu» en question n'est forcément pas le même selon le bord politique qui le conçoit. Pour la droite et une partie de la gauche parlementaire, il s'agit de s'intégrer au bloc occidental en gestation dans le contexte de la guerre froide, de demeurer fermement arrimés aux États-Unis et au Royaume-Uni, qui sortent grands vainqueurs de la guerre. Les communistes, eux, prônent l'industrialisation et la modernisation productive à marche forcée, afin de renforcer la classe ouvrière et de se rapprocher des standards soviétiques. Pour les partisans du général de Gaulle, protéger et affermir l'indépendance de la France vis-à-vis des deux grandes puissances à l'ouest et à l'est, que sont les États-Unis et l'URSS, devrait être la priorité, ainsi que de reprendre un rôle prépondérant dans la politique mondiale. Communistes, socialistes, gaullistes, chrétiens-démocrates... Tous les partis issus de la Résistance se rejoignent peu ou prou sur le diagnostic : la France doit entrer de plain-pied dans la modernité. Comme l'écrit Jean Monnet, futur commissaire au Plan, dans une note de préfiguration du Plan français en 1945, la France est

« sur le point de devenir un pays arriéré qui a le choix entre la modernisation et la décadence ». « Modernisation ou décadence », l'alternative est dans tous les esprits, soufflée par l'exemple transpyrénéen de l'Espagne, jadis première puissance mondiale, qui a entamé un long déclin depuis le XVIIIe siècle. Certes, la posture de neutralité de Franco a tenu la péninsule relativement à l'écart des destructions subies par les pays engagés dans le conflit mondial, mais son alliance avec une Église espagnole réputée pour son archaïsme, son éloge de la paysannerie immémoriale et du petit artisanat, sa détestation de l'industrie, de la science et de la technologie condamnent son pays à une longue stagnation économique. Un tel sort guette aussi la France ; et il se serait réalisé si le régime de Vichy s'était maintenu au pouvoir sous la botte nazie. On découvre, par exemple, avec stupéfaction que la dernière aciérie française a été construite en… 1906 ! Le socialiste et résistant André Philip écrit ainsi en 1945 : « Il ne faut pas s'imaginer que la France puisse rester un pays essentiellement artisanal et agricole, comme le rêvait le romantisme réactionnaire de Pétain ; la guerre a montré que seuls comptent dans la vie moderne les grands États industriels. Un pays agricole incapable de se forger les armes susceptibles de garantir son indépendance est inévitablement destiné à être l'esclave, soit d'un adversaire puissant, soit d'un ami protecteur.»[4] Cette alternative simpliste entre modernisation et décadence constitue aussi une formule de campagne à même d'assurer à bon compte l'union nationale, dans un contexte où les partis et syndicats traditionnels ont peu préparé l'après-guerre.

Les «gains de productivité», promesse d'une remontée de notre retard, deviennent le grand credo national. La doctrine productiviste s'impose dans tout le spectre politique. Maurice Thorez, secrétaire général du Parti communiste français, n'hésite pas à demander aux mineurs de travailler plus que leurs quarante heures hebdomadaires pour atteindre les objectifs nécessaires à la survie de la nation. Le 21 juillet 1945, il déclare: «Produire, produire, et encore produire, faire du charbon, c'est aujourd'hui la forme la plus élevée de votre devoir de classe, de votre devoir de Français.» Benoît Frachon, dirigeant communiste de la Confédération générale du travail (CGT), qui compte alors 5 millions d'adhérents, exhorte lui aussi les ouvriers à s'engager dans la «bataille de la production». On se dote désormais d'outils scientifiques pour mesurer les rendements, et les entreprises mettent peu à peu en œuvre les principes de l'organisation scientifique du travail (OST), imaginés par Frederick Winslow Taylor aux États-Unis. Ses préceptes deviennent immensément populaires en France. Ainsi, les rendements optimisés par l'OST promettent de générer des gains économiques qui se verront redistribués, soit sous la forme de dividendes pour les actionnaires, soit de hausses des salaires pour les ouvriers. Jean Fourastié, sociologue et économiste, collaborateur de Jean Monnet au Plan, s'impose comme l'un des grands « apôtres de la productivité »[5], allant jusqu'à écrire que la productivité est « la variable motrice de l'évolution économique contemporaine »[6]. Il parvient notamment à transformer cette notion taylorienne, synonyme de meilleur rendement du travail, en un véritable moteur historique, celui-là même qui permettra à la France de rattraper les économies les plus avancées. En 1950, un Comité national de la productivité est créé par décret ainsi qu'une Association française pour l'accroissement de la productivité (Afap). Sous l'égide d'un Commissariat à la productivité, des délégations thématiques sont envoyées observer de près le miracle industriel américain, emblème de l'innovation technologique et des idées tayloriennes. En 1952, pas moins de 4 700 hauts fonctionnaires, dirigeants d'entreprise, ouvriers, syndicalistes et ingénieurs ont fait le pèlerinage à Washington dans le cadre de 500 missions différentes[7] ! Chacune passe en moyenne six à huit semaines aux États-Unis ; les missionnaires visitent des usines, des grands magasins, des fermes mécanisées ainsi que des universités. Les délégations s'entretiennent avec des patrons, des salariés, des agriculteurs et des chercheurs qui leur décrivent les raisons du « miracle américain ». Les principales observations formulées dans les rapports, frappées d'étonnement, touchent au gigantisme des industries, des exploitations agricoles, des échangeurs autoroutiers et des parkings, mais aussi à la modernité des méthodes de management et au pragmatisme des relations de travail à l'intérieur des entreprises. L'objectif assumé de ces voyages, au-delà de l'observation des principes ayant conduit au succès économique outre-Atlantique, est en effet d'assurer la cohésion, pour ne pas dire la communion, de tous les partenaires sociaux autour de l'impératif de moderniser une économie arriérée, sous l'égide du grand frère américain. Bref, de dévitaliser la lutte des classes au profit d'un consensus autour du totem de la productivité.

In fine, c'est un rapport inédit au temps historique qui se joue, lui-même révélateur d'une nouvelle disposition d'esprit. Alors que la France d'avant 1945 incarnait la stabilité, que l'on peut aussi taxer d'immobilité, Jean Monnet exalte la nouvelle société du changement perpétuel : « Le Français doit adopter la psychologie américaine, c'est-à-dire une disposition de l'esprit à changer constamment. »[8] Après 1945, un nouveau registre historique s'impose, qui n'emprunte ni à la nostalgie passéiste des réactionnaires vichystes ni à la théodicée progressiste des républicains de la IIIe République, mais à l'urgence de moderniser un présent insatisfaisant.

Une nouvelle génération d'historiens contribue à jeter les bases de ce nouveau récit historique fondé sur le rattrapage économique[9]. En témoigne la vogue, dès 1945, de l'histoire économique et des approches quantitatives au détriment de l'histoire politique, stigmatisée comme trop littéraire et centrée sur les hommes et les anecdotes qui ne seraient en fait que les incarnations et symptômes de forces sous-jacentes. L'école des Annales d'histoire économique et sociale, fondée par les historiens Marc Bloch et Lucien Febvre, en faisant la part belle à l'histoire des faits économiques, se trouve à la pointe de cette mise de l'histoire au service du nouveau modèle français, celui de la Modernisation. La figure de l'historien complète bien, aux côtés de celle de l'administrateur et de celle de l'ingénieur, la Trinité décisive de la période. Des institutions de recherche sont créées selon un même état d'esprit : éclairer rigoureusement les débats autour de l'expansion productive de la France. C'est ainsi que naissent l'Institut national des études démographiques (Ined), en 1945, ou l'Institut national de la statistique et des études économiques (Insee), en 1946. Des théories économiques viennent aussi légitimer ce discours du rattrapage. C'est le cas du « cycle de vie international du produit » inspiré des travaux de l'économiste Raymond Vernon[10], théorie selon laquelle les innovations naissent aux États-Unis avant de se diffuser en Europe, pour gagner ensuite le reste du monde. Ainsi la France n'a-t-elle d'autre choix, pour se moderniser, que de se laisser porter par le vent de l'innovation scientifique et technologique venu de l'Ouest. Dans ce contexte, les missions de productivité déléguées outre-Atlantique revêtent une importance considérable.

En 1947, Jean Fourastié publie un livre au titre évocateur, *La Civilisation de 1960*[11]. Il y revisite l'histoire économique du XIXe siècle pour débusquer les blocages et les retards de l'économie française qui expliqueraient son arriération par rapport à la florissante économie britannique, à la pointe de la révolution industrielle : « La France n'est plus dans le peloton de tête ; elle devra, pour seulement maintenir son rang de vieille nation intellectuelle, accomplir un considérable effort de travail et d'épargne. »[12]

Mais, dans les faits, cette Modernisation est plus difficile à accomplir en France qu'aux États-Unis ou au Royaume-Uni, en raison notamment de l'attitude pendant l'Occupation d'une certaine partie des Français, en particulier de celle de grands patrons, complaisants envers l'ennemi, collaborant même parfois avec lui, et de l'état d'esprit étriqué et conservateur qu'elle manifeste. À la Libération, défiance et suspicion pèsent alors lourd sur ces profiteurs qui ont su « faire des affaires » pendant la guerre.

Alors qu'aux États-Unis et au Royaume-Uni les grands patrons figurent au panthéon des vainqueurs pour leur contribution décisive à l'économie de guerre et au triomphe final, en France, les milieux d'affaires se font discrets. Les capitaines d'industrie subissent l'opprobre collectif, à l'image du plus notoire d'entre eux : Louis Renault, incarcéré pour intelligence avec l'ennemi, et mort quelques semaines après dans des conditions opaques. Son entreprise, immense empire industriel français, est nationalisée. La dénonciation des trusts est unanime dans les élites de la Libération. On accuse ces grands conglomérats d'avoir fait preuve de passivité, de conservatisme, voire de complicité avec l'occupant, et on leur reproche leur frilosité en matière d'investissement et d'innovation. Le monde rural n'est pas épargné, accusé de s'être enrichi grâce au marché noir. La propagande vichyste prônait tant le retour à la terre que la culture paysanne traditionnelle paraît désormais suspecte, sinon odieuse, aux élites modernisatrices d'après-guerre. Enfin, le monde des petits commerces et de l'artisanat est également moqué pour son arriération. La thèse des nouvelles élites modernistes est implacable : si la France s'est effondrée en 1940, c'est en raison de son culte du « petit », du « local », du « traditionnel » (petites villes, petites usines, petits artisans, petits terroirs, petits paysans, petits commerçants, petites préoccupations, petites combines...). Ce diagnostic fait écho aux propos de Marc Bloch : « Ce qui vient d'être vaincu en nous, c'est précisément notre chère petite ville. Ses journées au rythme trop lent, la lenteur de ses autobus, ses administrations somnolentes, les pertes de temps que multiplie à chaque pas un mol laisser-aller, l'oisiveté de ses cafés de garnison, ses politicailleries à courtes vues, son goût du déjà-vu et sa méfiance envers toute surprise capable de troubler ses douillettes habitudes : voilà ce qui a succombé devant le train d'enfer que menait contre nous le fameux "dynamisme" d'une Allemagne aux ruches bourdonnantes. »[13] Bien des années plus tard, l'ingénieur-économiste Christian Stoffaës confirmera ce constat en identifiant les quatre maux de l'économie française d'avant-guerre : ruralisme, provincialisme, malthusianisme, culte du petit[14]. De tels principes ne peuvent pas être au fondement d'une économie moderne. Il s'agit maintenant d'aller vite, et, pour aller vite, pense-t-on alors, il faut se concerter et voir grand.

Un nouveau système productif : l'économie concertée (1945-1960)

Des nationalisations stratégiques

Dès 1945, une quasi-unanimité s'est faite au sein de l'Assemblée constituante sur la nécessité de nationaliser les entreprises des secteurs stratégiques pour le pays. Contre toute attente, ce sont les communistes et la CGT qui sont les plus tièdes à l'égard du projet ; ils tiennent à rappeler qu'une économie dirigée ne signifie pas une économie socialiste. Maurice Thorez préfère parler, à propos des nationalisations, de « simples choix démocratiques de la nation ». En revanche, les autres partis y sont pleinement favorables. De fait, les secteurs où doivent être opérées les nationalisations sont unanimement jugés peu performants entre les mains des capitaux privés, souffrant notamment d'une absence de politique globale et cohérente. L'étatisation doit donc permettre de répondre aux besoins du pays dans la période de reconstruction et de modernisation qui s'ouvre. L'Assemblée vote prioritairement les lois de nationalisation du secteur bancaire en décembre 1945 : dans la bataille de la production, le crédit et la monnaie sont vitaux pour la collectivité. La Banque de France ainsi que les quatre principales banques de dépôt

(Crédit lyonnais, Société générale, Comptoir national d'escompte, Banque nationale pour le commerce et l'industrie) tombent ainsi dans les mains de l'État. Viennent ensuite les lois de nationalisation de l'électricité et du gaz ; la création d'EDF et de GDF, en décembre 1945, puis des Charbonnages de France, en avril 1946, témoigne de la volonté de contrôler les approvisionnements en électricité, gaz et charbon, les trois principales sources d'énergie de l'époque, le pétrole faisant tout juste son apparition dans l'équation énergétique. Les entreprises d'assurance sont également nationalisées en mars 1946 pour s'assurer d'un meilleur drainage de l'épargne des Français vers l'appareil productif.

Mais derrière le consensus apparent, se cachent des divergences fondamentales entre les socialistes et la droite quant aux modalités d'organisation des secteurs nationalisés. Les socialistes rêvent d'un conglomérat d'industries nationalisées, administrées par des conseils de salariés, qui formerait – se prennent-ils à espérer ! – une première marche vers le socialisme réel. Les libéraux, quant à eux, préfèrent placer ces entreprises entre les mains d'un management de technocrates indépendants. C'est finalement une solution hybride qui est retenue, celle où les représentants de l'État ont plus de poids que les autres parties prenantes, constituées des salariés et des consommateurs-usagers. En dépit de la défiance des partis de gauche, certains technocrates s'affirment comme de grands capitaines d'industrie et prennent très vite de grandes libertés vis-à-vis de la tutelle étatique. C'est le cas des dirigeants des banques nationalisées et de Louis Armand, à la tête de la SNCF, ou encore de Pierre Lefaucheux, aux commandes de la régie Renault, qui dynamise considérablement l'entreprise. Ainsi s'emploie-t-il à forger, à l'intérieur de la régie, une génération de technocrates entièrement dévoués au succès de l'entreprise et à sa performance opérationnelle[15].

L'impact du Commissariat au Plan

Mais c'est dans une institution de prime abord discrète, fondée en 1946, que vont se cristalliser les principaux compromis socio-économiques du modèle français d'après-guerre : le Commissariat général au Plan (CGP). Preuve de son caractère transversal, le décret portant création du Plan est contresigné par neuf ministres, dont deux républicains-populaires, deux radicaux, un socialiste et même un communiste[16]. Le CGP, organisation administrative en apparence anodine et discrète, logée dans les soupentes d'un hôtel particulier près de l'église Sainte-Clotilde, dans le VIIe arrondissement de Paris, deviendra alors un instrument de consolidation du modèle français d'après-guerre, et un symbole iconique de la France des «Trente Glorieuses».

Le Plan est tout sauf une énième institution technocratique constituée de bureaucrates rétrogrades qui réfléchissent à l'avenir derrière les murs épais de leur cabinet. C'est, au contraire, une institution moderne, ouverte sur la société civile et l'appareil productif, c'est un lieu de confrontation de visions entre la technocratie, qui a pris les rênes de la reconstruction du pays, les acteurs économiques, les intellectuels et les experts de tous bords. Plusieurs grands sociologues des «Trente Glorieuses» comme Michel Crozier, Alain Touraine ou encore Henri Mendras ont compté parmi les habitués du Plan, ainsi que des ingénieurs-économistes comme Alfred Sauvy, Jean Fourastié, François Perroux ou Jean Vergeot, l'un des pères de la statistique publique française. Loin de la fossilisation bureaucratique, à laquelle on pense volontiers quand on prononce son nom, le Plan est donc une formidable entreprise de démocratisation des choix essentiels pour la nation puisque toutes les parties prenantes de l'économie nationale, syndicalistes, patrons, représentants de l'État, économistes, sont invitées à confronter leurs vues. Comme l'écrit Jean Monnet, dans ses *Mémoires*, cet état d'esprit est présent dès les travaux préparatoires à sa création :

« Le Plan n'est pas seulement utile à l'administration et aux pouvoirs publics : il intéresse tous les Français qui y trouveront les données générales sur notre situation et des directives pour les guider dans l'orientation de leurs initiatives individuelles. »[17]

Les premiers collaborateurs dont s'entoure Jean Monnet se voient comme des missionnaires de la Modernisation. Robert Marjolin, haut fonctionnaire se définissant comme un « socialiste libéral », est acquis aux idées de planification dès les années 1930 ; Étienne Hirsch, ancien dirigeant d'une industrie chimique devenu résistant, remarqué par de Gaulle et nommé directeur adjoint de l'armement des Forces françaises libres, est devenu proche de Jean Monnet lors de leur rencontre à Alger, pendant la guerre ; et Félix Gaillard, un très jeune inspecteur des finances, est nommé secrétaire général du Plan par Jean Monnet. Bien que de sensibilités politiques différentes, tous ont un point commun : une grande liberté de ton vis-à-vis de l'administration et du pouvoir politique, ainsi qu'une foi inébranlable dans les vertus du progrès technique et des gains de productivité pour moderniser la France.

De ce point de vue, la trajectoire de Jean Monnet est particulièrement intéressante. Issu d'une famille charentaise d'exportateurs de Cognac, il côtoie très tôt les milieux d'affaires anglo-américains. Durant la Première Guerre mondiale, son anglais parfait lui permet de servir à Londres, comme membre des commissions exécutives interalliées. Entre les deux guerres, il est tour à tour fonctionnaire de la Société des nations, banquier d'affaires aux États-Unis et conseiller financier de plusieurs gouvernements étrangers. En réalité, Jean Monnet n'est heureux que dans les interstices : trop intellectuel et soucieux de l'intérêt national pour être un homme d'entreprise, trop créatif et libre d'esprit pour être un haut fonctionnaire, trop pragmatique pour être un homme de parti, il est un petit peu tout cela à la fois sans être assignable à aucune place, à aucun organe. Dans son mémorandum sur le Plan de modernisation et d'équipement du 4 décembre 1945, Jean Monnet livre par le menu ce que doit être l'économie politique de la Modernisation. Il lie la question de court terme de la reconstruction à celle de moyen terme de la modernisation. Sa théorie repose sur l'idée que la France ne souffre pas seulement des manques et des pénuries à combler à brève échéance, elle doit également rénover en profondeur un tissu économique délabré par des décennies d'indolence et de négligence. Pour Jean Monnet, l'élément clé de ce renouveau est la conquête de la productivité agricole et industrielle. Il faut que, pour la même force de travail, les rendements s'élèvent considérablement, ce qui implique une profonde réorganisation du travail et un investissement massif dans la mécanisation et la technicisation. Ainsi, l'objectif pour 1949 du premier Plan de modernisation et d'équipement (PME), adopté en 1947, est très ambitieux: dépasser de 25 % le niveau de production de 1929. Des objectifs quantitatifs annuels et finaux entre 1947 et 1950 sont fixés pour six secteurs de base, décisifs pour la modernisation de l'économie nationale: le charbon (65 millions de tonnes en 1950), l'électricité (39,5 milliards de mégawatts en 1950), le ciment, les transports et le machinisme agricole (200 000 tracteurs en 1950). Quant à la part de l'investissement dans le revenu national, elle doit passer de 23 à 25 % sur la même période. La priorité est clairement donnée à l'accumulation de capitaux par rapport à la construction de logements ou aux biens de consommation essentiels, c'est en effet ce qui assurera l'augmentation de la productivité.

Comme Jean Monnet se méfie de la bureaucratie, il considère que le Plan doit échapper à l'emprise du ministère de l'Économie nationale et rester un électron libre placé directement sous la tutelle du président du Conseil. Son jugement sur les hauts fonctionnaires est assez implacable: « Pour la plupart, ils sont très cultivés, honnêtes, compétents techniquement – mais ils n'ont pour la plupart aucun esprit d'entreprise et d'action.»[18] Monnet se présente comme un pragmatique qui «ne fait pas de politique», fidèle à l'approche anglo-saxonne du *problem-solving*. En toute indépendance, il instaure donc dès 1946 plusieurs commissions de Modernisation dans lesquelles siègent, côte à côte, patrons, syndicalistes, experts, universitaires, administrateurs et citoyens afin de délibérer des grands sujets d'avenir intéressant la reconstruction et la modernisation du pays. Par exemple, la commission de l'électricité compte 22 membres, dont six chefs d'entreprise, trois syndicalistes, deux cadres, cinq experts et six fonctionnaires. Plus de 1 000 personnes collaborent pour la seule année 1946 à ces commissions ou à leurs sous-groupes.

Le constat et les objectifs posés par le Plan peuvent paraître, avec le recul, assez évidents. Ce que celui-ci propose de vraiment original tient dans la méthode appliquée, au point que l'on parlera même de «méthode Monnet». Jean Monnet, qui s'enorgueillit de n'avoir jamais donné un ordre à qui que ce soit, construit un système de décision tout entier fondé sur la persuasion. Des acteurs aux idéologies parfois radicalement opposées se réunissent au sein des commissions de Modernisation – patrons, syndicalistes, experts... La stratégie pour dépasser leurs antagonismes est de leur présenter des diagnostics chiffrés et objectivés de la situation, grâce au concours de la statistique publique, et notamment des équipes de l'Insee. Si les mots blessent et divisent, les chiffres rassemblent, car deux plus deux font toujours quatre, qu'on soit de gauche ou de droite, capitaliste ou prolétaire. La productivité devient le nouveau totem autour duquel la lutte des classes s'apaise. C'est ainsi que prend vie une économie non pas dirigée – le mot répugne à Jean Monnet – mais concertée, à la manière d'un orchestre symphonique dont Jean Monnet serait le chef. Il considère que son principal mérite est de rassembler autour d'une table des gens qui ne se parleraient pas autrement et de les faire discuter avec objectivité autour de diagnostics partagés. En apparence modeste, cette façon de procéder constitue en réalité une avancée considérable. Et le moins que l'on puisse dire est que les résultats de son action sont spectaculaires. S'il y a eu un jour quelque chose comme une démocratie économique à l'œuvre en France, c'est dans les débats des commissions de modernisation. François Bloch-Lainé, directeur du Trésor de 1947 à 1952, résume ainsi l'originalité de la « méthode Monnet » : « Le génie du premier commissaire au Plan et de ses adjoints a consisté à éviter les débats idéologiques aux niveaux politique ou scientifique, ainsi que les querelles d'attribution au niveau administratif ; puis à produire de bons papiers et à avoir de bonnes conversations, pour présenter leurs vues et les faire admettre. À exercer, comme on dit, “la dictature du service rendu”. Je crois vraiment que ces pionniers, jugés trop pragmatiques, ne pouvaient s'adapter plus intelligemment à l'état de choses.[19] »

Le premier PME, fruit de la synthèse de toutes ces commissions, est adopté en 1947. Il donne la priorité à la modernisation de moyen terme de l'économie sur la reconstruction de court terme et se voit accueilli par un concert unanime de louanges. Léon Blum, alors président du Conseil, en parle comme d'une « contribution essentielle à la renaissance économique de la France ». Au nom de la CGT, le communiste Benoît Frachon affirme son soutien sans réserve au PME. Le représentant du Conseil national du patronat français (CNPF), Pierre Ricard, qualifie le travail de « remarquable ». Philippe Lamour, secrétaire général de la Confédération générale de l'agriculture, adhère également aux objectifs fixés : c'est le début d'une idylle entre le syndicalisme agricole productiviste et le Plan. Quelques mois plus tard, cette belle union est brisée par l'expulsion des communistes du gouvernement, mais la CGT se contente de se retirer des travaux sans pour autant manifester d'hostilité. Jean Monnet est un incroyable créateur de consensus, qu'il obtient parfois par le flou délibéré de ses intentions, le refus de toute idéologie, un pragmatisme à toute épreuve et la foi dans les vertus de l'observation empirique et de la délibération. Au fond, la « méthode Monnet » est le décalque fidèle du modèle français d'après-guerre : une synthèse qui se veut générale, globale, et un peu vague, entre des aspirations contradictoires, fondée sur un diagnostic partagé et capable d'accueillir des visions du monde que l'on croyait irréconciliables.

À la fin des années 1940, les sondages, et autres études d'opinion importées des États-Unis, arrivent en France. L'Ifop sonde les Français en 1948 pour recueillir leur sentiment sur le Plan Monnet : ils l'acclament. Ainsi, s'il faut retenir quelque chose de ce premier Plan, c'est l'idée qu'une économie libre n'est pas forcément désaccordée et que, dans des moments d'extrême urgence historique, il est nécessaire que tous les acteurs partagent les diagnostics et dialoguent.

L'aide Marshall

L'amorçage de la modernisation économique de la France s'est fait en partie sous parapluie américain, du moins durant la période de 1948 à 1952. En novembre 1947, Robert Schuman forme son gouvernement et nomme René Mayer aux Finances. Ce dernier vient des « affaires » et contribue notamment à la nationalisation des chemins de fer. Ce gouvernement ne tient que jusqu'en juillet 1948, mais représente, malgré sa courte vie, un tournant économique majeur de la IVe République. Il crée le Fonds de modernisation et d'équipement (FME), véhicule financier consacré aux investissements publics programmés dans le cadre du Plan Monnet qui se voit ainsi lié au Plan Marshall, à travers les crédits américains. En effet, ce fonds accueille la contrepartie en francs de l'aide Marshall : lorsqu'un agriculteur souhaite par exemple faire l'acquisition d'une moissonneuse-batteuse américaine de la marque Massey-Ferguson, il règle la facture au Trésor public français, charge à l'administration du Plan Marshall de verser l'équivalent en dollars à l'exportateur de matériel agricole. D'un côté, cela soutient l'industrie américaine qui inonde notre marché national de matériel agricole d'importation. De l'autre, cela soutient l'économie française, car le gouvernement est contraint d'utiliser ces francs pour financer des projets imaginés en concertation avec l'administration du Plan Marshall, l'ECA (Economic Cooperation Administration). Cette « astuce » évite une dégradation de la balance française des paiements ainsi qu'une hausse de l'inflation. En définitive, la réalisation du premier Plan de modernisation et d'équipement doit beaucoup à l'aide américaine.

Ce ne sont pas moins de 2,7 milliards de dollars de l'époque que les États-Unis offrent à la France pour se moderniser, l'équivalent de 27 milliards en monnaie d'aujourd'hui. Pour autant, les modernisateurs français conservent largement la main sur l'allocation de ces crédits. Les Américains auraient en effet préféré qu'une partie de ces francs serve à la construction d'équipements visibles de la population, comme les logements et les hôpitaux, pour accroître leur popularité, tandis que les hauts fonctionnaires français souhaitent mettre l'accent sur l'accumulation de capital et sur l'investissement dans de grands projets de modernisation dans des domaines aussi divers que la mécanisation des mines, la construction de barrages hydroélectriques, ou l'électrification du rail... Si l'aide américaine a été financièrement substantielle, les modernisateurs français l'ont donc mise au service de leur dessein, comme en témoigne l'utilisation très différente que les autorités britanniques ont faite du Plan Marshall, préférant le consacrer au désendettement de leur pays, ou que les dirigeants italiens, qui l'utilisent pour des projets plus directement tangibles pour la population[20].

La Sécurité sociale

Cette trajectoire de développement économique ne repose pas seulement sur les gains de productivité, mais aussi sur l'extension de la Sécurité sociale dont l'alinéa 11 du préambule de la Constitution de 1946 consacre le projet sans en prononcer le nom : « La nation garantit à tous la protection de la santé, la sécurité matérielle, le repos et les loisirs. Tout être humain qui, en raison de son âge, de son état physique ou mental, de la situation économique, se trouve dans l'incapacité de travailler, a le droit d'obtenir de la collectivité des moyens convenables d'existence. » Le projet de ses concepteurs, le haut fonctionnaire Pierre Laroque et le ministre Alexandre Parodi, dépasse largement la logique d'assurance individuelle et sectorielle qui prévalait dans les lois sociales d'obligation de 1910 ou de 1928-1930. Pour Pierre Laroque, modernisateur intransigeant, la Sécurité sociale n'est pas cette tuyauterie financière opaque à laquelle on pense parfois aujourd'hui, elle est, au contraire, le véritable état de sécurité et de plénitude auquel parvient la nation lorsque les principaux risques sociaux – maladie, invalidité, chômage, vieillesse – sont correctement pris en charge par la solidarité nationale et l'État providence. Conformément à l'éthique modernisatrice, il s'agit de garantir chacun contre les risques de catastrophes et les débâcles de la vie collective comme de la vie individuelle, afin d'assurer une trajectoire de développement harmonieux : « La nation proclame la solidarité et l'égalité de tous les Français devant les charges qui résultent des calamités nationales », écrit le préambule de 1946.

Entre les gains de productivité et le développement de la Sécurité sociale, entre la politique économique et la politique sociale en somme, un cercle vertueux se forme : les gains de productivité permettent des hausses de salaire, qui assurent une augmentation des cotisations des assurés, qui à son tour accroît la couverture des risques et contribue à améliorer les conditions sanitaires et le suivi médical et donc à assurer une plus grande productivité des travailleurs. Les revenus de remplacement, touchés au titre de la maladie, du chômage, ou des pensions de retraite sont en outre immédiatement réinjectés dans l'économie nationale puisqu'ils satisfont aux dépenses de consommation. À cette époque, la modernisation économique et la justice sociale se tendent la main ; mieux, elles se renforcent mutuellement. Dans des termes élogieux, Pierre Laroque se réjouit de la contribution de la Sécurité sociale à l'augmentation de la productivité globale : « Depuis longtemps l'on n'avait constaté des journées de travail aussi longues, une contribution aussi soutenue de tous à la production, à la réorganisation de la vie économique. Bien loin de détourner les hommes et les femmes de travailler, comme certains l'avaient prédit, la Sécurité sociale s'est accompagnée d'un dynamisme exceptionnel qui ne s'est jamais démenti.»[21] Il en résulte sur les premières années d'après-guerre une extension de la Sécurité sociale presque aussi rapide que la croissance économique : entre 1949 et 1960, la part des prestations sociales et de l'assistance dans le revenu disponible des ménages passe par exemple de 15,9 à 20,7 %.

Ainsi, le modèle français d'après-guerre réalise le tour de force non seulement d'offrir à chacun la confiance en un avenir stable, évacuant le tragique et l'imprévisibilité radicale des horizons collectifs de la société, mais aussi un mode de développement économique centré sur des gains de productivité rapides dans lesquels tous les membres de la société trouvent leur compte : les agriculteurs sortent du dénuement dans lequel était maintenue la paysannerie traditionnelle ; les ouvriers, par le truchement de leurs syndicats, arrachent des hausses de salaires et des conquêtes sociales ; les milieux d'affaires voient s'améliorer la productivité de l'appareil industriel. Enfin, l'État et ses fonctionnaires se retrouvent investis d'un rôle flatteur de chef d'orchestre. Il ne s'agit pas d'économie ni de société dirigée, mais plutôt d'un exercice de concertation : sous la conduite de l'État, les milieux d'affaires, les organisations syndicales et socioprofessionnelles se mettent en branle avec des objectifs partagés.

Les grands projets

Une dernière composante spécifique à la Modernisation économique française, quoiqu'un peu plus tardive, a été la multiplication des grands programmes technologiques encouragés et financés par l'État. Ces grands projets prennent surtout leur essor au début de la Vᵉ République, en lien avec la « politique de la grandeur » voulue par le général de Gaulle, qui lance la France dans des programmes de recherche-développement ambitieux pour tenir son rang dans la course technologique lancée entre les États-Unis et l'URSS. C'est ainsi que la France développe son propre programme nucléaire et acquiert une puissante force de frappe dissuasive dès 1960. Mais la France s'engage dans de nombreux autres domaines d'avancées technologiques, comme les transports, la défense ou encore l'aéronautique et la conquête de l'espace. Ces grands projets sont souvent l'occasion de réaliser des prouesses et de mettre en œuvre un savoir d'exception, qu'il s'agisse du programme « C03 », lancé en 1966 et qui aboutit à l'inauguration du TGV en 1972, du programme « Concorde », le premier avion supersonique fruit d'un accord franco-britannique, ou encore du Plan Calcul, abandonné en 1975, qui préfigure l'informatique et Internet. De grands organismes de recherche se structurent dans le sillage de ces plans : le Commissariat à l'énergie atomique (CEA), créé dès 1945, le Centre national d'études spatiales (CNES), ou encore l'Institut national de recherche en informatique et en automatique (Inria), créé en 1966 en marge du Plan Calcul. Qui dit grands projets dit aussi grands travaux. On construit de grandes centrales hydroélectriques à Génissiat (1948), Donzère-Mondragon (1952), Serre-Ponçon (1961) et, en 1965, on inaugure la centrale marémotrice de la Rance, la plus puissante du monde. Ces grands travaux ne sont pas sans impact sur la morphologie des territoires dans lesquels ils s'implantent. Jean-Pierre Le Goff a consacré des pages très intéressantes à l'arrivée du « Dieu Atome » dans le Cotentin, avec l'implantation de l'usine de retraitement du combustible nucléaire usé de La Hague. La presse locale titrait, émerveillée : « Une étonnante production de l'esprit humain se dresse sur La Hague »[22] qu'elle comparait à une cathédrale d'un nouveau genre. Pour avoir grandi à Agen, dans le Sud-Ouest, à proximité de la centrale nucléaire de Golfech, l'un des principaux employeurs de la région, je sais bien à quel point ces infrastructures ont pu bouleverser la vie d'un territoire, tant sur le plan esthétique qu'économique.

Les nationalisations, la planification, le Plan Marshall, la Sécurité sociale et, plus tard, les grands projets, constituent les cinq piliers de ce dispositif de développement propre à la France de la Modernisation que Jean Monnet appelle « économie concertée ». L'État est de retour au centre du jeu. Naguère abstentionniste, il est désormais interventionniste. Il se fait « de plus en plus banquier, investisseur, producteur, vendeur, dans le droit fil d'une économie de guerre qui paraît se prolonger après la fin des combats. »[23] Pour ce faire, il a besoin d'une nouvelle élite. Celle-ci se recrute parmi les anciens élèves des grandes écoles, à commencer par Polytechnique ainsi que l'École nationale d'administration (ENA), créée en 1945 pour casser le recrutement clientéliste des grands corps de l'État qui avait nui à l'attractivité de la haute fonction publique durant les années d'entre-deux-guerres. L'ENA, d'où sortent des légions d'administrateurs, de dirigeants d'institutions publiques, de capitaines d'industrie et bientôt de responsables politiques, devient le véritable creuset de l'élite dirigeante modernisatrice d'après-guerre.

Une nouvelle culture : le consumérisme (1960-1968)

Ce mode de développement économique a des répercussions dans toutes les strates de la société et accouche d'une nouvelle culture commune – et même d'une nouvelle « manière d'être Français » – à l'orée des années 1960. Une société transfigurée par d'immenses changements se découvre, profondément remodelée par la Modernisation, tant dans ses structures culturelles que dans ses représentations politiques. Des pans entiers de la population se retrouvent frappés d'obsolescence, assimilés à un archaïsme. C'est le destin que subit une partie de la paysannerie dès les années 1950.

La fin de la paysannerie traditionnelle

Alors que la IIIe République avait tout fait pour intégrer le monde agricole au cadre républicain[24], les élites modernisatrices de la Libération brutalisent la ruralité traditionnelle, en la rayant presque de la carte. Les campagnes deviennent le symbole de cette France d'antan, rétive à la modernisation, qu'il faut transformer à marche forcée, au besoin contre son gré. En 1945, 35 % de la population active travaille encore dans les campagnes ; cette proportion est divisée par trois en l'espace de trois décennies. L'amélioration des rendements agricoles suppose la mécanisation massive, l'introduction de pesticides chimiques dans les cultures et le remembrement des petites exploitations de polyculture au profit de la monoculture intensive. En trois décennies, les 2,4 millions de chevaux de trait et les 200 000 paires de bœufs qui assuraient l'essentiel de la traction agricole en 1945 sont remplacés par 1,5 million de tracteurs motorisés flambant neufs[25]. Grâce à cette nouvelle force motrice, les rendements agricoles explosent durant la période : entre 1951 et 1996, le rendement du blé passe par exemple de 18 à 69 quintaux par hectare et celui du maïs de 15 à 84[26].

On assiste à la fin de la paysannerie traditionnelle, à la fois comme métier et comme modèle de société. Henri Mendras écrit : « En une génération, la France a vu disparaître une civilisation millénaire, constitutive d'elle-même. »[27] De fait, il ne s'agit pas seulement de moderniser la production agricole. C'est tout le monde paysan, son folklore et ses mœurs, qui est passé de mode, sommé de prendre en marche le train d'un nouvel âge. Le paysan en tenue traditionnelle, pratiquant une économie autosuffisante, est remplacé par l'agriculteur-exploitant, un chef d'entreprise moderne qui circule sur son tracteur et tient d'épais livres de comptes. Le romancier Georges Perec nous donne dans *Les Choses* une description du monde rural modernisé, celui de ces grands exploitants devenus de véritables chefs d'entreprise : « Les greniers regorgeaient de blé ; dans les grandes cours pavées, les tracteurs rutilants faisaient face aux voitures noires des maîtres. [...] À côté d'un vieux téléphone à manivelle, accroché au mur, un planning résumait la vie de l'exploitation, les emblavages, les projets, les devis, les échéances ; un tracé éloquent témoignait de rendements records. Sur une table surchargée de quittances, de feuilles de paye, de mémoires et de paperasses, un registre relié de toile noire, ouvert à la date du jour, laissait voir les longues colonnes d'une comptabilité florissante. »[28]

Durant la décennie 1960, 100 000 à 150 000 personnes quittent chaque année les campagnes pour s'installer dans des villes – le plus souvent un simple bourg, ou une petite ville située à proximité, contrairement à une mythologie tenace qui veut que Paris ait agi comme un aimant pour l'ensemble des forces vives du pays durant ces années d'exode rural massif[29]. Dans *Roses à crédit*[30], un roman d'apprentissage qui rencontre à l'époque un certain succès, Martine, l'héroïne, s'arrache à un monde rustique, fruste et primitif, pour débuter une nouvelle vie, citadine. La saleté et le dénuement de la forêt où elle a grandi avec ses nombreux frères et sœurs contrastent avec la propreté de la ville nouvelle où elle a élu domicile. Cette dernière est assimilée à un château de conte de fées, mais, comme dans *Cendrillon*, le rêve s'assombrit et Martine se voit finalement obligée de rentrer dans sa campagne. Ce récit d'Elsa Triolet, femme de lettres et communiste engagée, se veut une critique de cette société urbaine, industrialisée et consumériste qui s'impose, implacable, sans pour autant verser dans un passéisme idéalisé. L'écrivaine peint ainsi un moment charnière de l'histoire qui laisse l'individu déchiré entre l'hier révolu et le demain inexorable, entre les campagnes arriérées et les villes froides et hygiénistes.

La transformation du petit commerce

Le monde des indépendants – artisanat et commerce – n'est bien sûr pas épargné, lui aussi assimilé à ce monde d'hier qui doit disparaître au profit de la modernité. Les petits commerçants étaient notamment soupçonnés par les hauts fonctionnaires modernisateurs de truquer leurs comptes, de se livrer à toutes sortes de petits trafics dans le dos du fisc ou des clients. Le sociologue Jean-Pierre Le Goff donne une description de la transformation progressive des boutiques dans les années 1950 et 1960 à travers l'exemple du magasin familial : « C'était comme si tout l'univers de la prime enfance avait soudain basculé. La vieille façade en bois fut remplacée par une devanture en matériau plastifié, les murs de la maison en pierres du pays furent recouverts d'un jetis gris foncé et les vieilles dalles en "pierre bleue" disparurent. Mes parents épousaient comme beaucoup d'autres le nouveau monde. »[31]

De fait, le développement économique s'est diffusé dans l'espace public, depuis les hautes sphères dirigeant d'ambitieux programmes jusqu'au quotidien trivial des Français en passant par les petites et moyennes entreprises et les petits commerces. Les années 1960 voient donc l'espace de vie des Français se transformer. C'est l'expérience même du quotidien qui se métamorphose grâce à ce que l'on appelle « l'électroménager ». Il s'agit d'appareils techniques qui remplacent l'effort humain. Alors que la vie quotidienne était jusque là, pour les classes populaires, rythmée par une succession de tâches pénibles et répétitives, elle est désormais présentée comme plus agréable – elle peut être en partie consacrée au loisir, au relâchement, au délassement. Le chauffage au fioul remplace la « corvée de bois » ; la machine à laver se substitue au rituel harassant du lavoir ; le robot mixeur épargne à la ménagère de longues heures de préparation en cuisine. C'est dans ces termes que la réclame vante les innovations domestiques. Il faut mesurer le choc culturel et sociétal qu'a représenté l'apparition de ces objets devenus aujourd'hui totalement communs et ordinaires, quasi invisibles à nos yeux, au moment de l'arrivée dans les foyers de la « fée électricité ». C'est aussi l'époque à laquelle le pétrole prend une place centrale dans nos pratiques : le fioul de la chaudière, le bitume des rocades et autoroutes, le plastique des sacs du supermarché, le carburant dans nos voitures, les engrais dans nos champs... L'or noir devient omniprésent dans notre vie quotidienne – indispensable pour nous loger, nous nourrir, nous déplacer.

L'émergence des loisirs

Au même moment, grâce aux gains de productivité et aux conquêtes sociales, le temps de travail hebdomadaire diminue. Ce temps libéré est alors réinvesti dans les loisirs de masse qui vont souvent de pair avec la consommation marchande. L'équipement électroménager se veut le terrain de jeu privilégié de la « femme d'intérieur » et le Salon de l'électroménager est présenté comme un paradis réalisé pour elle, tandis que le Salon de l'automobile constitue un pèlerinage obligatoire de l'homme des classes moyennes et supérieures. L'automobile devient un symbole de cette modernité éprise de vitesse et de liberté. Boris Vian,

Roger Nimier, mais aussi Françoise Sagan, en égérie de la femme émancipée, se passionnent pour les belles mécaniques, parfois jusqu'à l'accident mortel, et les célèbrent dans leurs livres. Le nombre de propriétaires de voitures explose : en 1972, un Français sur quatre en possède une alors que cette proportion n'était que de un sur dix en 1960. C'est l'âge d'or de l'industrie automobile française dont la régie Renault est devenue le symbole florissant.

Cette société de consommation émergente entraîne des changements profonds dans le quotidien des Français. Le philosophe Henri Lefebvre situe même dans cette domesticité réinventée l'apparition du concept de « vie quotidienne »[32]. Absorbé par son nouveau mode de vie, par l'acquisition et la possession de choses, le couple moderne est peu à peu dépolitisé. Son confort domestique est à présent sa nouvelle priorité qui se traduit notamment dans l'évolution de l'habitat. La maison individuelle avec jardin, imitant celles que l'on voit dans les banlieues pavillonnaires américaines, devient le nec plus ultra à acquérir. C'est l'époque de l'émergence des lotissements qui accueillent désormais les familles françaises, les unes à côté des autres, sur un mode sériel, comme une succession d'unités qui communiquent très peu entre elles, toutes entières absorbées par la vie de leur intérieur. Et pour satisfaire, dans une surenchère sans fin, les nouveaux besoins et préoccupations des classes moyennes, tout un système mercantile, un vaste réseau de production, de promotion et de vente de biens de consommation de plus en plus sophistiqués, se met en place : nouveaux appareils, machines performantes, et autres gadgets de l'économie de la Modernisation. Plus la vie de l'intérieur accapare les individus modernes, plus leur vie intérieure reflue. Pour la première fois, cette décennie 1960 marque un recul très net de la pratique religieuse en France. Avant 1965, 20 % des Français se rendaient encore régulièrement à la messe. Après cette date, leur nombre s'effondre.[33]

Une idée importante cependant s'ancre dans les esprits, que cette domesticité est une libération : elle nous délivre des peines et des tracas de l'existence ordinaire, des tragédies de l'histoire et de ses fosses communes. Ici, à l'intérieur de l'appartement ou de la maison moderne, tout n'est que luxe, calme et volupté. Comme l'écrit Georges Perec, qui se fait chantre ironique de la Modernisation dans *Les Choses* : « La vie, là, serait facile, serait simple. Toutes les obligations, tous les problèmes qu'implique la vie matérielle trouveraient une solution naturelle. Une femme de ménage serait là chaque matin. On viendrait livrer, chaque quinzaine, le vin, l'huile, le sucre. Il y aurait une cuisine vaste et claire, avec des carreaux bleus armoriés, trois assiettes de faïence décorées d'arabesques jaunes, à reflets métalliques, des placards partout, une belle table de bois blanc au centre, des tabourets, des bancs. Il serait agréable de venir s'y asseoir, chaque matin, après une douche, à peine habillé. Il y aurait sur la table un gros beurrier de grès, des pots de marmelade, du miel, des toasts, des pamplemousses coupés en deux. Il serait tôt. Ce serait le début d'une longue journée de mai.»[34] Une vie de confort, sans effort ni entrave, une vie de roi accessible à la classe moyenne. Les publicités de l'époque donnent le ton: «On ouvre un robinet, et hop on a de l'eau chaude, finies les bassines, les casseroles et les bouilloires qui traînent sur le feu.»[35]

L'avènement de la classe moyenne

La société de consommation devient le ressort culturel le plus puissant du modèle français d'après-guerre. Elle incarne presque une nouvelle religion, pacifiante, au sein de laquelle communie une vaste classe moyenne en formation au tournant des années 1960. La production s'est vue segmentée au possible par le taylorisme, méthode d'organisation du travail consistant à partitionner la production industrielle jusqu'à la rendre inintelligible, sauf aux technocrates des bureaux d'étude qui organisent les chaînes. L'ouvrier se voit dépossédé de l'objet produit, du sens de son labeur. Cette aliénation se veut alors compensée par un accomplissement dans la consommation et le loisir. Jérôme et Sylvie, les deux héros des *Choses*, ne trouvent plus de sens dans leur travail, plus de motif de fierté, d'occasion de se réaliser, mais simplement un moyen : celui de gagner de l'argent dont la finalité est la consommation. Le lecteur ne comprend pas vraiment en quoi consiste leur métier, sorte de *bullshit job* de l'époque, et eux-mêmes ne semblent pas véritablement en saisir le sens et l'utilité : « Ils étaient tous deux psycho-sociologues. Ce travail, qui n'était pas exactement un métier, ni même une profession, consistait à interviewer des gens, selon diverses techniques, sur des sujets variés. »[36] Ils conduisent des « études de motivation », véritables ancêtres de la publicité algorithmique, pour cibler les besoins des consommateurs : « Pourquoi les aspirateurs-traîneaux se vendent-ils si mal ? Que pense-t-on, dans les milieux de modeste extraction, de la chicorée ? Aime-t-on la purée toute faite, et pourquoi ? Parce qu'elle est légère ? Parce qu'elle est onctueuse ? Parce qu'elle est si facile à faire : un geste et hop ? Trouve-t-on vraiment que les voitures d'enfant sont chères ? »[37] L'énumération continue encore longtemps avant que Georges Perec conclue : « Rien de ce qui était humain ne leur fut étranger. »[38] En détournant cette phrase du dramaturge romain

Térence, Georges Perec souligne ironiquement que l'humanité de la Modernisation s'est réifiée – elle se réduit désormais à une accumulation d'objets. Le taux d'équipement des ménages a progressé de manière spectaculaire en quelques années. Alors qu'en 1954 seuls 7,5 % de la population possèdent un réfrigérateur et 8,4 % un lave-linge, ils sont respectivement 91 % et 72 % à détenir ces équipements en 1975. Dès 1964, le cap des 50 % de ménages équipés en appareils électro-ménagers est déjà franchi. Lors de leur expérience de coopérants en Tunisie, Jérôme et Sylvie n'ont aucune envie d'acheter les produits singuliers de l'artisanat local : ils ne rêvent que des produits manufacturés, sériels, fabriqués en quantité industrielle – bref, transformés en marchandises. Sans cet amoncellement de biens manufacturés, leur vie paraît désespérément fade. L'historienne américaine Kristin Ross a fait remarquer, à juste titre, combien la Tunisie leur paraît sale, poussiéreuse, vide, pareille à un décor de western, en contrepoint du monde industriel, propre, hygiénique et riche de babioles de toutes sortes[39].

La consommation devient le totem autour duquel la société se pacifie, expulse les germes du conflit. Dans *Les Choses*, dont l'action se déroule durant la guerre d'Algérie, les violences causées par celle-ci n'apparaissent qu'en filigrane, comme ouatées et amorties ; la guerre n'est qu'une toile de fond lointaine. Si Jérôme et Sylvie connaissent un bref engagement anticolonialiste, c'est surtout pour suivre l'exemple de Jean-Jacques Servan-Schreiber qui signe, dans les pages en papier glacé de *L'Express*, des articles accablants contre la torture en Algérie. *L'Express* est en effet, à l'époque, l'hebdomadaire de référence de la classe moyenne supérieure en formation. Mais l'engagement de Jérôme et Sylvie est à l'image de leur perception du conflit: éphémère, désinvolte, lointain, médiatisé[40]. Comme l'écrit Henri Mendras: «La guerre allait disparaître de la vie nationale comme anxiété majeure des Français et épreuve suprême de la grandeur de la nation.»[41] La force ambiguë du modèle français d'après-guerre a été aussi d'évacuer la guerre du territoire national et des préoccupations des citoyens. Peu importe que des «événements» aient encore lieu: ils se déroulent dans des théâtres d'opérations lointains et méconnus; ils sont expulsés du champ de vision des Français de métropole.

La société de consommation favorise également la formation accélérée d'une vaste classe moyenne, sur le plan économique et culturel. Des sociologues et des économistes se spécialisent dans l'étude de cette nouvelle strate sociale. Henri Mendras, théoricien de la «moyennisation», parle même d'une «seconde révolution française» pour décrire ce changement social.

Même les ouvriers voient leur condition progresser. Alors que le prolétariat du début du siècle vivait parfois dans un état de dénuement extrême, le niveau de vie réel des ouvriers est multiplié par trois entre 1950 et 1970. Ce qui amène l'historien Philippe Ariès à écrire vers 1968 : « Aujourd'hui, le fils de mécanicien parisien n'aspire plus à quitter l'usine. Il a conscience de pouvoir accéder à un certain nombre de privilèges bourgeois : l'aisance, le confort, l'instruction, mais sans sortir de sa condition d'ouvrier, une condition puissante puisqu'elle lui permet désormais de peser sur les décisions de l'État. »[42]

Pour rendre compte de l'affaiblissement du concept de classe sociale dans la France de la modernisation, Henri Mendras recourt à l'image de la toupie : dans le « ventre » de celle-ci, on retrouve 90 % des Français, aussi bien les 50 % d'employés et d'ouvriers qui forment le vaste ensemble populaire, que les 15 % d'indépendants restants et les 25 % de professeurs, ingénieurs, médecins et « cadres » qui composent le noyau central. Le corps social, d'après Henri Mendras, ne peut plus être divisé en classes : la force d'entraînement économique, technologique et culturelle de la Modernisation les a arasées.

La culture de masse ou le triomphe du barbecue

Pour la première fois peut-être dans l'histoire de France se développe une véritable « culture commune », impulsée par le noyau central. Les « cadres », véritable cœur d'innovation, sont le moteur de cette culture commune. Auparavant, les cultures bourgeoise, paysanne et ouvrière coexistaient mais cloisonnées, étanches les unes aux autres. Leurs seuls points de contact étaient aussi des points de friction : la culture bourgeoise se voulait supérieure et tenait à rester à distance et en surplomb des autres, la culture ouvrière, elle, se définissait essentiellement contre la culture bourgeoise, en opposition, et même en résistance. Quant à la culture paysanne, essentiellement ignorée, voire dénigrée, elle reposait dans la tradition et un certain repli sur soi. Si la bourgeoisie prétendait à être reconnue comme dominante, elle ne cherchait aucunement à se diffuser, mais plutôt à s'imposer comme la forme la plus raffinée de culture, tout en restant inaccessible aux classes inférieures. Il en était ainsi du repas bourgeois que l'on prenait à table, dans une salle à manger confortable et cossue[43], faisant de ce rituel un moment de sociabilité bien sûr, mais aussi et surtout de reconnaissance d'une appartenance à un même groupe social, avec ses codes et ses valeurs. On mangeait à heures fixes des plats nombreux, raffinés et abondants, dans une argenterie luxueuse, en respectant soigneusement l'étiquette : plan de table, ordonnancement des couverts, maintien du corps, règles de conversation. Tout était normé et se déroulait sous le regard prévenant de domestiques qui se tenaient debout, attentifs mais effacés. Comme le fait remarquer Henri Mendras, les domestiques sont là presque davantage pour attester par leur présence de l'immuabilité du rituel du repas bourgeois que pour servir les convives en tant qu'employés de maison. À tout moment, il faut rappeler que l'on appartient à un monde jugé supérieur, comme Madame de Sévigné aimait à se baigner nue devant ses domestiques, sa noblesse lui assurant un ascendant – celui des gens de sang bleu – qui exonère de toute pudeur. Le barbecue, véritable « objet-star » des « Trente Glorieuses », au même titre que la voiture ou le lave-linge, s'inscrit en rupture radicale avec ce rituel. Il devient le support de moments de convivialité simples et informels, où la fluidité sociale est de mise. Preuve de la progression d'une culture commune, ce nouveau rituel se généralise du haut en bas de l'échelle sociale, aussi bien chez de riches industriels, dans leur luxueuse villa de Monaco, que chez des employés modestes habitant une banlieue pavillonnaire de

Cergy-Pontoise ou de Saran, ces villes nouvelles construites à la même époque.

Si l'on veut admirer un exemple parfait des rites et rituels de ce noyau central, de la vie des cadres, les films de Claude Sautet en sont une parfaite mise en scène, notamment l'un des plus connus : *Vincent, François, Paul… et les autres*[44]. Il offre un aperçu saisissant de cette France réunifiée et transformée par la Modernisation, et donne à voir, en particulier, le bonheur inébranlable de ces cadres, malgré les épreuves personnelles et professionnelles qu'ils traversent. Vincent, incarné par Yves Montand, est le chef d'une petite entreprise, François, joué par Michel Piccoli, est médecin et Paul, Serge Reggiani, est écrivain ; tous trois sont relativement prospères. Leur vie se déroule dans des intérieurs cossus, entretenus par des femmes aimantes, cantonnées à la domesticité par une époque hautement misogyne. Les parties de campagne sont fréquentes. L'automobile, rutilante, rapide, est omniprésente dans le film, de même que toutes sortes de rituels : le spectacle de boxe, le barbecue du dimanche, la sortie « entre copains » au bistrot du coin. Bien que chaque personnage traverse une mauvaise passe sentimentale ou professionnelle, ce film reste, dans l'imaginaire collectif, un témoignage emblématique des « années bonheur », d'autant plus qu'il a été distribué en 1974, année au cours de laquelle les premières failles apparaissent dans un système jusqu'alors florissant, avec la première crise pétrolière et le début du chômage de masse. Les années 1968-1973, couvertes par ce film, présentent en effet la plus haute croissance jamais connue en France, au point que certains économistes prédisent qu'elle deviendra la deuxième puissance mondiale à la fin du XXe siècle. Ces années, correspondant peu ou prou à la présidence de Georges Pompidou, constituent à la fois l'apogée de l'ancien modèle français et le début de son déclin.

C'est en effet à cette même période que commencent à se faire entendre des voix dissonantes sur cette culture de masse qu'est devenu le consumérisme. Le mouvement situationniste, entraîné par Guy Debord, a par exemple accusé le camp modernisateur de nier le caractère radicalement tragique et imprévisible de l'histoire au profit d'une linéarité artificielle, répétitive et sans accroc. Pour se soustraire à cette représentation technocratique du temps et de l'espace, les situationnistes aimaient à déambuler au hasard dans le Paris nocturne. Ces « dérives », généralement agrémentées d'alcool et de drogue, avaient pour but de rencontrer l'imprévu, de faire l'expérience de la sérendipité qui faisait cruellement défaut à l'histoire technocratique telle que conçue par les modernisateurs. Les situationnistes revendiquaient la construction d'un espace-temps indéfini, soustrait à la calculabilité universelle. Leur conception de l'espace s'opposait à celle des modernisateurs, notamment à l'architecture fonctionnaliste de Le Corbusier, initiateur dès 1928 des Congrès internationaux de l'architecture moderne (Ciam) et grand défenseur de la séparation fonctionnelle des espaces sociaux : d'un côté, les unités d'habitation où vivent les familles dans le plus grand confort que puisse offrir la modernité (équipement électroménager, poste de télévision…), de l'autre, les quartiers d'affaires et les usines consacrés au travail, enfin les zones récréatives pour les loisirs ; la commutation entre ces espaces séparés se faisant évidemment grâce à l'automobile. C'est contre cette culture technicienne, technocratique et consumériste que s'érige le geste situationniste, limité au début à une avant-garde, mais dont le discours critique va peu à peu se diffuser, surtout parmi la génération née après la Seconde Guerre mondiale qui arrive à la majorité à la fin de cette prospère décennie 1960.

Chapitre 2

L'automne de la Modernisation

Le temps des fractures (1968-1981)

Dès la fin des années 1960, l'élan initial commence à retomber, contrebalancé par le sentiment général que le retard a été rattrapé et que la France s'est à nouveau hissée dans la cour des grands. Elle s'est modernisée, a évité la décadence. L'épopée gaullienne, qui écrit son second chapitre à partir de 1958, a rendu à la nation son faste d'antan[45]. Plusieurs indicateurs donnent aux élites françaises le sentiment que le pays a comblé ses lacunes et a remédié à son arriération : les ménages sont équipés en appareils électroménagers et en automobiles, une large classe moyenne s'est formée. La société réalise les « 4 P » décrits par l'historien Jean-François Sirinelli[46] : la paix, depuis les accords d'Évian qui mettent fin à la guerre d'Algérie ; la prospérité, avec un taux de croissance annuel moyen avoisinant les 5 % ; le plein-emploi, avec un chômage quasi inexistant ; le progrès social enfin, avec l'augmentation du niveau de vie réel, du niveau d'éducation et de l'espérance de vie.

Durant la décennie 1960, la génération baby-boom, 800 000 naissances par an en moyenne depuis 1943, traverse une adolescence paisible et parvient à l'âge adulte autour de 1965. Elle rejette alors le paradigme imposé par la génération précédente, ce discours d'effort jugé trop austère qui demande depuis la Libération du sang et de la sueur à la population pour rebâtir et moderniser les structures du pays. Contrairement à leurs parents, les enfants de la nouvelle génération n'ont connu ni les deux guerres mondiales ni la grande dépression des années 1930. Des guerres de décolonisation, ils n'ont eu qu'un écho lointain. Ils ont grandi dans un pays en pleine expansion depuis les années 1950, avec une croissance annuelle de l'ordre de 5 %, le plein-emploi, une protection sociale en perpétuel développement, la massification scolaire et bientôt universitaire. Ces baby-boomers comptent en effet de plus en plus d'étudiants du supérieur, dont le nombre passe de 215 000 en 1961 à 450 000 en 1967. Dans de nombreuses villes, les universités manquent de places assises dans les amphithéâtres ou de logements étudiants pour absorber la hausse.

Le diagnostic de l'arriération du pays formulé quinze ans plus tôt est donc totalement étranger à cette jeunesse insouciante. Ils ne partagent pas le vécu et la représentation du monde de leurs parents. Les grandes célébrations du souvenir de la Résistance, comme celle à laquelle donne lieu le transfert des cendres de Jean Moulin au Panthéon, le 19 décembre 1964, marqué par le discours lyrique d'André Malraux, les laissent le plus souvent de marbre. Les adolescents de la décennie 1960 se sentent à l'étroit dans les cadres axiologiques et moraux dont on veut les faire hériter, les jugeant désuets. Ce n'est pas un hasard si, au moment de sa sortie en 1965, le *single* des Rolling Stones *(I Can't Get No) Satisfaction* est un véritable succès en France. La jeune génération fait le constat d'une insatisfaction, d'un décalage entre le « niveau de vie » qui a continuellement augmenté durant les années d'après-guerre et le « mode de vie » qui n'a guère évolué. Pour le dire en termes marxistes, les baby-boomers estiment que la superstructure idéologique héritée de leurs parents les entrave et doit donc désormais s'adapter à l'infrastructure économique. Mais les mentalités mettent toujours plus de temps à évoluer que les structures productives.

Mai 68 : cassure générationnelle et dictature du présent

Les événements de Mai 68 n'ont rien du surgissement spontané et imprévisible que certains ont voulu leur conférer. Au contraire, ils sont la cristallisation d'une insatisfaction profonde de la jeune génération vis-à-vis des carcans hérités de la société de la Modernisation.

L'incroyable augmentation du niveau de vie et de la protection sociale durant les deux décennies qui précèdent 1968 a considérablement diminué le sentiment d'insécurité. La « génération 68 » estime que les attitudes de leurs parents, prudentes, attentistes, constamment en attente de « jours meilleurs » ne sont plus d'actualité. Elle inaugure un nouveau rapport au temps que l'historien François Hartog a baptisé « présentisme » : en dehors du présent, point de salut. Si les événements de Mai 68 se colorent encore de slogans communistes faisant écho à l'utopie de lendemains qui chantent et de la société sans classe, les grandes idéologies progressistes sont en réalité déjà sous l'éteignoir. Ce qui compte est surtout de profiter du présent. L'un des slogans les plus fameux du mois de mai est d'ailleurs sans équivoque : « Tout, tout de suite ! ». Comme l'écrit François Hartog : « Le futurisme s'est abîmé sous l'horizon et le présentisme l'a remplacé. »[47]

Alors que la société de la Modernisation était celle de la jouissance différée, de la frugalité, de l'austérité ainsi que de l'effort – un faisceau d'attitudes que le sociologue du travail Jean-Daniel Reynaud a appelé le « report de la satisfaction » – les baby-boomers veulent désormais cueillir les fruits de la réussite économique et cesser de différer la satisfaction des plaisirs de la vie. C'est dans ce contexte qu'interviennent les événements de Mai 68 qui, s'ils se révèlent de faible portée politique à court terme, sont symptomatiques d'une césure historique et d'un basculement culturel et sociétal de bien plus grande ampleur. Le sentiment de tourner en rond dans un présent suffocant est alimenté par la déliquescence des grandes utopies futuristes, à commencer par le communisme. Dans *Tigre en papier* (Seuil, 2002), le romancier Olivier Rolin raconte l'histoire tragi-comique de la Gauche prolétarienne, ce groupuscule gauchiste qui finit par se dissoudre en 1973. Le narrateur conte sa jeunesse à une jeune femme, ce temps où l'on croyait encore à la révolution, tout en faisant le tour de Paris, effectuant des boucles du boulevard périphérique dans sa vieille DS gris argent, métaphore explicite d'une croyance dans le progrès historique qui s'est brisée net à l'orée des années 1970.

L'ombre de Mai 68 s'étendra sur les décennies qui suivent : les événements ont servi de formation politique accélérée pour la frange urbaine et éduquée de la jeunesse française, celle qui, quelques années plus tard, s'emparera de nombreux leviers de commande, tant dans le monde culturel que politique et économique, imposant au passage sa vision du monde et son rapport au temps. Peu importe au fond que les élections législatives de juin 1968 aient offert une écrasante victoire au général de Gaulle, l'air du temps culturel a déjà changé. Comme le dira Pierre Mendès France à son neveu Tiennot Grumbach, alors jeune militant maoïste : «Vous avez perdu politiquement mais gagné culturellement.» Non seulement la génération des baby-boomers accède à la conscience politique, mais le rapport de force s'inverse avec la génération de la Libération.

L'apprentissage douloureux de la mondialisation

La déstabilisation temporelle qui s'installe dans la fièvre de Mai 68 et se traduit dans le concept de « présentisme » se double d'une dimension spatiale au début des années 1970. L'économie française, essentiellement autocentrée depuis 1945, fait l'apprentissage douloureux de la « contrainte extérieure ». Le taux d'ouverture de l'économie, qui mesure l'ensemble des imports et des exports dans la production nationale, passe de 10 à 20 % en l'espace de quelques années. La France entre dans la mondialisation presque sans s'en rendre compte et malgré elle, et d'abord sur le mode, subi et douloureux, de la crise. Celle, pétrolière, de 1973 constitue en effet une nouvelle rupture profonde, après 1968, rappelant brutalement que la société française n'est pas un îlot séparé du reste du monde. Dans une société aussi dépendante du pétrole, dans toutes les strates de son économie, jusqu'à la vie quotidienne, la moindre augmentation des prix de l'or noir décidée par des puissances étrangères a des conséquences considérables. Ainsi la crise de 1973 vient-elle briser net l'élan de la haute croissance économique qui avait porté, presque sans interruption, l'économie nationale depuis la fin des années 1940. Le pays s'enfonce alors dans une langueur dont il n'est jamais vraiment sorti depuis. L'heure n'est plus aux fastes de l'expansion et aux grands travaux, mais aux petites économies. On lance une campagne nationale pour limiter les dépenses de chauffage dans les entreprises et les logements ; des pans entiers de l'industrie s'effondrent, à cause de la hausse de la facture énergétique mais aussi de la masse salariale (la sidérurgie et le textile montrent les premiers signes de déclin). La barre des 500 000 chômeurs est franchie dès 1974 et le taux de chômage passe de 2,7 % en 1973 à 7,9 % en 1981. La facture énergétique du pays s'alourdit et les marges des entreprises se détériorent. L'inflation sévit avec un pic à 15,2 % en 1974. La croissance se tasse autour de 2,8 % entre 1974 et 1978, contrastant fortement avec la période 1968-1973 où elle avoisinait les 5 %. Raymond Barre, nommé Premier ministre en 1976 en remplacement de Jacques Chirac, met en place un premier plan de rigueur en bloquant les prix, les tarifs publics, les loyers et les hauts revenus. Il parvient à ramener l'inflation sous les 10 %. L'État continue d'intervenir dans l'économie, mais à la façon d'un « brancardier » plutôt que d'un pionnier[48]. À l'audace des modernisateurs de l'après-guerre se substitue la prudence des gestionnaires. Sur la période 1974-1980, le nombre de faillites industrielles augmente de 70 %. En 1978, le secteur sidérurgique est quasi nationalisé pour éviter un effondrement. Certaines régions, comme le Nord, le Pas-de-Calais ou la Lorraine, sont durement touchées. Le sentiment qu'une époque se termine s'installe de manière très vive. En 1979, année de la seconde crise pétrolière, l'économiste Jean Fourastié publie son best-seller, *Les Trente Glorieuses*, qui popularise cette formule désignant trois décennies de prospérité courant de 1947 à 1973. On ne peut nommer une époque que lorsqu'elle se termine. Et en 1979, les « Trente Glorieuses », fondées sur l'élan modernisateur et l'économie concertée, sont bel et bien dans le rétroviseur, englouties dans le présent d'une crise qui ébranle trois des quatre « P » identifiés par Jean-François Sirinelli. La prospérité est remise en question par la stagflation de même que le plein-emploi par le chômage structurel, qui fait alors son apparition. Quant au progrès social matérialisé par la progression salariale, il semble stoppé net. Si l'État providence continue de fonctionner – il est même de plus en plus sollicité pour amortir les chocs économiques qui se multiplient durant la décennie 1970 –, le modèle commence à se déséquilibrer : alors que son pilier socioculturel est déjà tombé dans le gouffre du présentisme, son pilier économique est désormais fragilisé. Seul tient encore son pilier social, appelé à suppléer les deux autres. Mais on ne résout pas une crise économique et encore moins une crise de civilisation par de la dépense sociale.

L'automne de la Modernisation, dès la décennie 1970, s'explique donc aussi bien par la rupture temporelle incarnée par la génération 1968 que par l'ouverture spatiale de la France à la mondialisation. Un changement « d'ère aussi bien que d'aire »[49] est en train de s'opérer, non sans conséquences. C'est tout le positionnement de l'État-nation républicain qui avait prévalu depuis 1945 qui est ébranlé.

L'échec de la relance (1981-1995)

1981 : un nouveau départ ?

Bien que François Mitterrand ait été élu grâce à un accord avec le Parti communiste, derrière les proclamations sur la « rupture avec le capitalisme », la ligne politique du gouvernement Mauroy lors de ses deux premières années d'action, de 1981 à 1983, peut s'interpréter comme une tentative de résurrection du modèle français d'après-guerre reposant sur le triptyque « nationalisations – planification – relance ».

Les nationalisations reposent en apparence sur les mêmes raisons qu'à la Libération : le patronat français est jugé trop malthusien, adepte du « petit », les entreprises vitales à l'économie nationale manquent de capitaux et ne parviennent pas à se restructurer pour grandir dans la mondialisation. L'objectif est de consolider quelques leaders nationaux capables de rivaliser dans cette compétition mondiale qui commence à faire rage. En premier lieu, cette politique prolonge les concentrations décidées durant le septennat de Valéry Giscard d'Estaing ayant abouti à la constitution de grands groupes : CII-Honeywell Bull, Matra-Hachette, Peugeot-Citroën ou encore Alsthom-Atlantique. La sidérurgie est nationalisée dès 1981. Puis quatre grands groupes industriels sont à leur tour collectivisés en 1982 : Pechiney-Ugine-Kuhlmann, Saint-Gobain, la Compagnie générale d'électricité ainsi que Thomson. Ces entreprises sont nationalisées à 100 % afin de procéder à de profondes restructurations. Par exemple, les actifs de Pechiney-Ugine-Kuhlmann sont répartis entre trois grandes entreprises chimiques : Elf-Aquitaine, Rhône-Poulenc et les Potasses d'Alsace. Pour le secteur bancaire, le parallélisme avec 1945 est également troublant. Le gouvernement Mauroy décide de nationaliser 36 banques et 2 entreprises financières, Paribas et Suez.

La planification est également relancée, là encore dans l'esprit du premier Plan de modernisation et d'équipement de Jean Monnet. Michel Rocard hérite en 1981 d'un grand ministère de la Planification et de l'Aménagement du territoire. Le nouveau plan réintègre des objectifs chiffrés, abandonnés une première fois au cours des années 1970, et se compose de deux parties distinctes : d'une part, 12 programmes prioritaires déclinant les objectifs de l'État, de l'autre, des contrats de plan négociés avec les régions, créées par les lois de décentralisation de Gaston Defferre, ainsi qu'avec les grandes entreprises nationalisées. Ici aussi, la ressemblance avec 1945 est saisissante : les socialistes sont convaincus des vertus de la planification pour redresser l'économie française.

Troisième pilier de cette politique économique – qui prend décidément des airs d'après-guerre : la relance par le soutien à la consommation et à l'investissement. C'est probablement là que l'action gouvernementale va pécher le plus lourdement. La politique de relance budgétaire, financée par un déficit budgétaire de 95 milliards de francs en 1982, anticipe une reprise de la croissance mondiale qui ne sera pas au rendez-vous au moment escompté. Les États-Unis entrent en récession temporaire, en partie en raison de la politique monétaire restrictive de Paul Volcker, économiste et président de la Réserve fédérale (*Fed*) de 1979 à 1987, et l'Allemagne de Helmut Kohl comme le Royaume-Uni de Margaret Thatcher sont engagés dans une politique de désinflation compétitive. À cause de cette relance ratée, le déficit commercial de la France explose et se chiffre à 92 milliards de francs au total en 1982. Une très grande partie des fonds consacrés à la relance alimente en définitive les industries étrangères. Un exemple symptomatique tient dans ces magnétoscopes achetés par les consommateurs français et importés massivement du Japon qui finissent par engorger le bureau de douane de Poitiers. L'inflation galope jusqu'à 10 % en 1981-1982. La France est obligée d'aller de petite dévaluation en petite dévaluation (8,5 % en octobre 1981, 5,5 % en juin 1982 et 2,5 % en mars 1983) pour préserver sa compétitivité, notamment vis-à-vis de l'Allemagne, sans pourtant sortir du système monétaire européen (SME) qui encadre strictement les fluctuations monétaires (+ 2,25 % et - 2,25 %). Comme le fait ironiquement remarquer le ministre allemand de l'Économie Otto von Lambsdorff à Jean-Pierre Chevènement, alors ministre de l'Industrie et de la Recherche : « Avec notre différentiel d'inflation, le SME fonctionne naturellement comme un mécanisme de subvention à l'industrie allemande. »[50]

Le fait est que le monde a changé depuis les années d'après-guerre. L'ouverture de l'économie française franchit la barre des 20 % dans les années 1980 alors qu'elle était de 8 % en 1945. Le gouvernement Mauroy fait le difficile apprentissage de la « contrainte extérieure ». Alors que les modernisateurs d'après-guerre avaient défini une équation macroéconomique en circuit fermé, désormais les gouvernants sont obligés de raisonner dans un contexte d'ouverture économique, d'autant plus défavorable à la politique du gouvernement Mauroy que la balance commerciale est négative avec l'Allemagne, le Royaume-Uni, le Japon et, surtout, les États-Unis. L'heure n'est plus à l'économie concertée, mais au libre jeu du marché mondial. Changement d'ère et d'aire... Le 22 mars 1983, François Mitterrand fait le choix de rester au sein du SME et renonce à la dévaluation d'ampleur que réclame Jean-Pierre Chevènement. Subrepticement, la France se convertit à une politique de désinflation compétitive. L'industrie française, minée depuis les années 1970 par un déficit de compétitivité et une absence de montée en gamme, amorce sa chute. Au final, la politique menée entre 1981 et 1983 n'aura pas marqué le retour du modèle français d'après-guerre, mais plutôt son baroud d'honneur. L'histoire montrera que ces deux années n'auront été qu'une parenthèse. Elles ne marquent pas le début d'un nouveau cycle d'économie concertée, mais plutôt le dernier sursaut d'agonie d'un mode de production déjà dépassé.

La liquidation de l'ancien modèle

Après 1983, gouvernements de gauche comme de droite procèdent à une véritable liquidation de ce qu'il reste du mode de production d'après-guerre[51]. En 1986, Jacques Chirac, devenu Premier ministre de cohabitation de François Mitterrand, s'engage dans un cycle de privatisations. La liste des dénationalisations opérées entre 1986 et 1988 est impressionnante : Saint-Gobain, Matra, la Compagnie générale d'électricité, la Compagnie générale de construction téléphonique, TF1, Suez, mais aussi le Crédit commercial de France ainsi que la Société générale, mastodonte bancaire nationalisé en 1945. Le retour aux affaires de la gauche en 1988, deux ans plus tard, n'infléchit pas cette trajectoire. En 1991, le gouvernement Rocard vote même une loi dite « de respiration », autorisant l'État à céder jusqu'à 49 % des participations des entreprises qu'il détient, ce qu'il fait en revendant une partie du capital de Bull, Total, Elf-Aquitaine ainsi que Rhône-Poulenc. Cette politique de privatisations, en rupture avec le modèle français forgé à la Libération, fait désormais presque consensus dans la classe politique, au motif que les entreprises sont mieux gérées lorsqu'elles sont détenues par des actionnaires privés que par l'État. Imperturbablement les privatisations totales ou partielles se poursuivent sous les gouvernements Balladur (1993-1995), qui dénationalise notamment la BNP, Juppé (1995-1997), avec la privatisation de Pechiney et de Total, ou encore Jospin (1997-2002), qui cède des participations au sein de France Télécom, du Crédit lyonnais, d'Air France, et qui privatise intégralement Thomson et le CIC.

La planification, autre pilier du modèle français de la Modernisation, connaît à peu près le même destin, en dépit de son éphémère retour en grâce entre 1981 et 1983. Le commissariat général au Plan est progressivement mis à l'écart après 1983. Dès le projet du 11e Plan, préparé en 1992, les objectifs quantitatifs sont définitivement abandonnés. Il faut dire qu'il est de plus en plus incongru de fixer des objectifs de production quantitatifs dans une économie concurrentielle et mondialisée. L'institution est purement et simplement supprimée en 2006. La délégation à l'aménagement du territoire et à l'action régionale (Datar), organe de planification territoriale créé en 1964 pour rééquilibrer la croissance française sur le territoire national, est elle aussi peu à peu réduite aux acquêts.

Enfin, les années 1980-1990 marquent la fin des politiques de relance, sous le poids de la contrainte extérieure. L'investissement porté par l'État est en chute libre. Les collectivités locales, qui assument deux tiers de l'investissement public, s'y substituent de plus en plus. Esseulées et sans coordination globale, celles-ci investissent surtout dans de coûteuses opérations d'urbanisme et d'aménagement local. En somme, elles font couler beaucoup de béton, notamment pour construire des ronds-points, dont la France détient le record mondial, ainsi que des rocades et des axes routiers en tout genre. L'investissement productif et technologique, dont les grands programmes d'État étaient naguère le moteur, est le grand perdant de ce basculement.

La compétitivité à tout prix

À partir des années 1980, les gains de productivité ralentissent de manière significative. Toute la mécanique économique de la modernisation se grippe : le ralentissement de la productivité et la dégradation des marges des entreprises provoquent un tassement des salaires des ouvriers et des professions intermédiaires dans les entreprises industrielles. Il y a moins de « grain à moudre », selon une expression courante à l'époque. La croissance est inférieure aux attentes, autour de 2 % annuels durant les années 1980, en fort contraste avec les 5 % des années Pompidou.

Face à un coût du travail élevé et des gains de productivité limités, les dirigeants des grandes entreprises françaises s'efforcent de limiter la casse. Mais ils ne parviennent pas à enrayer le cycle de délocalisations et d'externalisations qui lamine peu à peu l'emploi industriel. Entre 1980 et 2007, pas moins de 3 millions d'emplois industriels sont détruits et la part de l'industrie dans le PIB français passe de 20 % en 1983 à 9 % en 2020. Certes, de nombreux pays européens affichent un recul comparable. En Allemagne, cette part est en revanche demeurée stable et robuste – autour de 23 %. La notion phare de la décennie 1980 n'est plus la productivité, tant louée par Jean Fourastié en 1945, mais la compétitivité qui s'impose en France dans une version défensive. Lorsque des chefs d'entreprise, des responsables politiques ou des éditorialistes l'invoquent dans notre pays, ils ont en tête de préserver des parts de marché dans les secteurs d'excellence de la France face à une concurrence internationale de plus en plus agressive; beaucoup moins d'en conquérir de nouvelles, de développer de nouveaux secteurs ou tout simplement d'innover. Dès 1984, Georges Besse, P-DG de Renault, met fin aux réunions hebdomadaires avec les syndicats, procède à de nombreux licenciements et repositionne l'entreprise sur son métier de base, pour éviter de perdre des parts de marché face à des concurrents américains ou japonais convertis au «toyotisme», une organisation du travail plus efficiente que le fordisme qui privilégie la production de véhicules à flux tendu. Les choix stratégiques prévalant pour l'entreprise rejoignent moins qu'avant les intérêts du pays: alors que Renault fabriquait en France des voitures qu'elle vendait à des clients français, elle fabrique de plus en plus ses véhicules à l'étranger pour des clients étrangers. De la même manière, l'actionnariat des grandes entreprises françaises s'internationalise de plus en plus. Les multinationales perdent alors leur identité patriotique, préférant épouser celle, abstraite et sans affect, d'un actionnariat déterritorialisé et donc désinvesti socialement, un fonds de pension américain ou un fonds souverain sud-coréen n'ayant aucun autre intérêt que strictement financier à détenir des actions dans des entreprises françaises. Ce désalignement entre entreprises et État, intérêts privés et intérêt général, n'a fait que s'approfondir ces trente dernières années et a puissamment contribué à l'érosion du modèle français d'après-guerre.

En ce début des années 1990, le nouveau credo est l'économie des services, le capitalisme de la connaissance et même « les entreprises sans usine », selon l'expression de Serge Tchuruk, P-DG d'Alcatel. En réalité, on se paie de mots puisque la France ne se donne pas les moyens d'investir dans un véritable capitalisme de la connaissance qui aurait pourtant pu opérer son repositionnement et assurer, sur un mode offensif cette fois-ci, la compétitivité tant désirée. Le niveau d'investissement dans l'enseignement supérieur et la recherche reste ridiculement bas en comparaison d'autres pays de l'OCDE comme l'Allemagne, le Royaume-Uni ou les États-Unis. Par exemple, la France ne consacre que 2,24 % de son PIB à la recherche et au développement, contre 4,1 % pour la Corée du Sud, 3,5 % pour le Japon, 2,9 % pour l'Allemagne, ou encore 2,7 % pour les États-Unis[52]. Ce faisant, elle ne se donne pas les moyens de réinventer son modèle en participant à la révolution technologique qui prend naissance au même moment aux États-Unis autour de l'Internet et de l'économie de l'information. Pis : elle exporte dans la *Silicon Valley* ses meilleurs ingénieurs et scientifiques, qui participent par milliers à la vague internet des années 1990, sans retour sur investissement.

Les seules solutions proposées au défi de la compétitivité consistent en fait en des baisses de cotisations sociales, patronales et salariales. Celles pesant sur les emplois peu qualifiés sont diminuées à intervalles réguliers. C'est le serpent de mer économique des années 1990 et 2000, partagé par les gouvernements de gauche comme de droite. Pour financer ces exonérations, l'État augmente la TVA, qui pèse surtout sur les classes populaires et les classes moyennes.

La France disposait d'un modèle reposant sur la confiance en un avenir meilleur que le présent, sur la modernisation à marche forcée des structures productives et sur l'État social. Dès les années 1980, la redistribution sociale et territoriale soutient seule l'ensemble du modèle français, sans le renfort des deux autres piliers. Mais l'essoufflement de la production fragilise ce pilier social de plus en plus financé par l'endettement. La part de la dette publique dans le PIB français passe de moins de 25 % en 1982 à 56 % à la fin du second septennat Mitterrand[53]. En 1981, Pierre Rosanvallon décelait déjà la crise à venir de l'État providence français[54]. En 1987, les états généraux de la Sécurité sociale font le constat du déficit chronique de ses principales caisses, la situation financière de la branche vieillesse puis de la branche maladie se dégradant au fil de la décennie 1980. Les comptes de la Sécurité sociale sont grevés par un effet de ciseau entre des gains de productivité en berne et des dépenses sociales en hausse, tirées par l'explosion du chômage, le vieillissement de la population, une immigration importante ou encore la sophistication croissante des soins de santé. En s'insérant sans armes dans le jeu de la compétition mondiale tout en liquidant ce qui faisait sa spécificité, notamment l'économie concertée, la France s'est condamnée à voir dériver ses finances publiques pour tenter de conjurer les inégalités toujours plus grandes créées par la nouvelle loi du marché. En raison du tassement des petits salaires, les inégalités de distribution primaire des revenus augmentent très fortement, mais les gouvernements successifs choisissent de les compenser plus ou moins bien par davantage de redistribution. Les dépenses sociales atteignent ainsi, en 2020, 715 milliards d'euros, soit 10 % du total mondial des dépenses sociales, alors que la France ne représente que 1 % de la population planétaire.

Durant la même période, les élites politiques et économiques françaises, qui s'étaient accordées sur l'économie concertée dans un cadre national après 1945, se lancent à l'assaut du vaste monde. La France s'insère de plus en plus dans un jeu de contraintes européennes et internationales strictes à partir de la ratification de l'Acte unique de 1986 dont le grand architecte n'est autre que Jacques Delors, ancien ministre des Finances de François Mitterrand et président de la Commission européenne dès 1985. Ce traité consacre la libre circulation des marchandises, des services et des capitaux à l'intérieur des communautés européennes. On ne compte plus les énarques issus de cabinets socialistes qui contribuent à l'internationalisation de l'économie française durant les années 1990, au point que Rawi Abdelal, un chercheur américain, a parlé de « Consensus de Paris » pour désigner cette promotion de la mondialisation libérale d'inspiration française par des élites qui souhaitent remplacer le modèle français d'après-guerre[55]. Cette expression fait écho au « Consensus de Washington », bréviaire économique du Fonds monétaire international (FMI) et de la Banque mondiale au cours de ces années, qui préconise les mêmes potions amères à tous les pays sous assistance : libre circulation des marchandises et des capitaux, privatisations, déréglementations, financiarisation, libération des prix.

La fragmentation culturelle (1989-2020)

Le modèle français s'est consolidé en trois vagues successives : d'abord, un élan initial, reposant sur un diagnostic largement partagé de la situation historique du pays ; ensuite, un mode de développement économique et social qui propulse ce nouveau modèle ; enfin, une infusion du modèle dans les mentalités. La singularité du modèle français tient même au croisement de ces trois vagues : 1968 marque aussi bien l'épuisement de l'élan historique d'après-guerre que le triomphe, avec l'arrivée en force de la génération du baby-boom, de l'individualisme et de la culture de masse. En réalité, l'unité de cette société de masse a été de courte durée. Dans les années 1990 apparaissent déjà les signaux faibles de son morcellement.

Le ralentissement économique conduit à un tassement des bas salaires. Le noyau central, qui n'avait cessé de grossir depuis les années 1950, ne progresse plus et voit ses revenus stagner. La précarité augmente avec l'enracinement d'un chômage endémique qui se stabilise autour de 10 %, un niveau aussi élevé qu'inquiétant. Alors que le transfert des paysans dans l'industrie s'était opéré sous le signe du progrès social et sous les encouragements enthousiastes de l'élite modernisatrice d'après-guerre, le passage des ouvriers dans l'économie des services ne se passe pas aussi bien. Il est plutôt marqué par le déclassement et la dévalorisation symbolique. Beaucoup d'anciens ouvriers tombent dans la précarité, exerçant des petits emplois peu gratifiants.

Grâce à la force de notre appareil redistributif, seul pilier du modèle d'après-guerre encore en place, les inégalités de revenus n'augmentent guère ; mais de nouveaux écarts symboliques se creusent à partir des années 1990. Les plus spectaculaires sont liés au niveau de diplôme. L'économie de services qui se développe dans les années 1990 requiert surtout des compétences cognitives et recrute des diplômés du supérieur pour leur aptitude à manipuler des symboles. Une ligne de faille se creuse durant ces années entre les travailleurs diplômés et les autres, peu ou pas diplômés, souvent chassés de l'industrie et contraints d'exercer des emplois de service peu valorisés dans la société française. En 1997, André Gorz, philosophe et journaliste, théoricien de l'écologie politique, met en garde contre la polarisation du marché du travail, avec, d'un côté, les grands gagnants de la compétition cognitive exerçant des métiers complexes et bien rémunérés et, de l'autre, une armada de « valets », exerçant des emplois de service à la personne déconsidérés[56]. Cette ligne de faille ne recoupe pas uniquement une inégalité économique ; elle se traduit aussi par des représentations du monde de plus en plus antagoniques. Pour schématiser, on pourrait dire que la société apparemment unifiée, homogène et apaisée des années 1970, que louait Henri Mendras, s'est peu à peu fracturée en trois France durant les décennies suivantes : celle des *Autonomes*, celle des *Autochtones* et celle des *Entre-Deux*.

Autonomes, Autochtones, Entre-Deux

La France des Autonomes est celle des jeunes cadres, cool et dynamiques, des « créa » des agences de pub, des infographistes, des médecins et des avocats, des consultants et des auditeurs, des designers, des analystes financiers, des « chefs de projets » et autres « chefs de produit », souvent formés dans les mêmes écoles de commerce. Comme l'a montré l'économiste Thomas Piketty, les électeurs des partis sociaux-démocrates ou sociaux-libéraux sont en grande majorité des diplômés depuis les années 1980, alors que ces formations politiques recueillaient surtout les suffrages des travailleurs peu ou pas diplômés durant l'époque de la Modernisation[57]. Ces Autonomes disposent d'un capital culturel et symbolique élevé et considèrent que l'accélération du temps et la mondialisation de l'économie, à l'œuvre à partir des années 1980, leur ont plutôt profité. Ils exercent les métiers de la « tête », et non des « mains »[58], et ne sont donc pas confrontés à la pénibilité physique. Le sentiment de liberté est très fort au sein de cette population. Ils parcourent de longues distances et effectuent plusieurs voyages transfrontaliers par an, à des fins de loisir ou pour leurs affaires[59]. Dans un monde où les rapports sociaux sont de plus en plus fragmentés, le « capital éducatif » compense la perte de statut et de repères parfois subie par les individus. Pour les mieux dotés, par exemple en France les anciens élèves de grandes écoles de commerce ou d'ingénieur ainsi que des facultés de droit et de médecine, il accroît leur autonomie. Il n'y a dès lors rien d'étonnant à ce que la dérégulation des rapports sociaux apparue dès les années 1990 soit perçue comme un accélérateur d'opportunités pour ces individus pourvus d'un fort capital d'autonomie. Les métiers des manipulateurs de symboles sont souvent « scalables » : leur rémunération augmente, pour la même quantité de travail fournie, à mesure que s'accroissent les « publics » et les « clients ». Cette « scalabilité » est rendue possible par la mondialisation et le progrès technologique. Passer d'une clientèle locale à une clientèle mondiale pour un analyste financier ou une vedette de la chanson ne demande pas beaucoup plus de travail, mais laisse espérer des gains démultipliés. En revanche, la compétition est féroce ; il y a dans chaque domaine peu d'heureux élus.

Face aux Autonomes, se trouvent les Autochtones, les travailleurs des métiers de la « main » et du « cœur », métiers manuels et professions du soin – ces dernières étant davantage féminisées que les autres[60]. C'est la France des ouvriers dans l'aéronautique, des garagistes et des mécaniciens, des chauffeurs-livreurs, des caristes chez Amazon, des puéricultrices, des aides-soignantes, des caissières de la grande distribution, des intérimaires en tout genre, la France qui n'a pas pu télétravailler quand bien même elle l'aurait voulu lors des confinements de 2020, la France des métiers dont la présence « sur le terrain » n'est pas négociable. Eux aussi se déplacent beaucoup, mais leurs mobilités routinières et pendulaires sont organisées autour de leurs trajets « domicile-courses-travail », contraintes par un mode de vie qui impose de prendre son véhicule. Le rêve d'autonomie, matérialisé par l'acquisition d'une ou deux voitures et d'une maison individuelle avec jardin à partir des années 1970, souvent à crédit, s'est parfois transformé en cauchemar, à mesure que la part des dépenses contraintes (loyers ou remboursements du prêt, factures, courses alimentaires, pleins d'essence…) augmentait dans le budget du ménage. Les mutations de l'environnement professionnel ont progressivement allongé la distance domicile-travail, tandis que les politiques d'accession à la propriété individuelle, encouragées depuis 1977, ont immobilisé les résidents dans des logements dont la valeur s'est parfois dégradée, notamment dans l'habitat pavillonnaire. Cette situation n'est pas propre à un territoire français ou à une région en particulier. Elle est identique dans tout le pays[61].

Enfin, il existe une France intermédiaire, ni Autonome ni Autochtone. Elle partage partiellement les aspects culturels propres aux Autonomes mais, au niveau économique, elle s'assimile plutôt aux Autochtones : c'est la France des Entre-Deux. Les membres de ces groupes manifestent une assez grande aisance culturelle, mais une importante fragilité économique, assortie d'une demande de protection sociale. On y retrouve un nombre important de diplômés du supérieur, plutôt jeunes, condamnés à la précarité économique en raison de l'« inflation des diplômes », c'est-à-dire du trop grand nombre de diplômés du supérieur par rapport à la réalité des emplois offerts dans la société. On trouve par exemple dans ces Entre-Deux des militants associatifs, des intermittents du spectacle ou encore des chercheurs ou des enseignants précarisés. Ces diplômés précaires possèdent un capital symbolique très supérieur à leur capital économique. Ils s'expriment davantage sur les réseaux sociaux ou dans les médias que les ouvriers et les employés car ils partagent avec les Autonomes une aptitude élevée à la manipulation de symboles. En revanche, ils ont en commun avec les Autochtones un assez faible capital économique. Ils ont tendance à valoriser davantage les questions culturelles sur les questions sociales. C'est chez eux que l'on retrouvera la plus importante inflation de revendications identitaires.

Tout semble désormais opposer ces trois France. Alors que l'on chantait encore les louanges d'une société française réputée unifiée et apaisée dans les années 1980, tout bascule en quelques années. Dès le début de la décennie 1990, les premiers signes de fragmentation et de désaffiliation politique apparaissent. L'éclatement du paysage politique s'accélère. L'enracinement électoral du Front national se confirme durant les élections législatives de 1986 qui amènent 35 députés du FN à l'Assemblée nationale. Le résultat très serré du référendum sur le traité de Maastricht du 20 septembre 1992 fait émerger une véritable fracture au sein de la communauté nationale : le « OUI » l'emporte d'une courte tête, mais les classes populaires ont voté dans une écrasante majorité pour le « NON ». Pourtant, quelques semaines auparavant, le Parlement réuni en congrès à Versailles avait approuvé une révision constitutionnelle permettant la ratification du traité de Maastricht par 592 votes favorables, contre seulement 73 votes défavorables et 14 abstentions. Cet événement est la première manifestation massive d'une césure entre le peuple et les élites, et d'une défaillance de la représentation politique. La faille qui s'ouvre alors ne se refermera pas. En 1995, Jacques Chirac remporte l'élection présidentielle en faisant astucieusement campagne sur la réduction de la « fracture sociale » ; aussitôt élu, il nomme Alain Juppé à Matignon. Les premières réformes du gouvernement Juppé portent sur le dernier pilier du modèle français d'après-guerre, la Sécurité sociale, afin de mettre un terme à ses déficits qui n'avaient cessé de se creuser depuis les premiers signaux d'alerte des années 1980. Elles déclenchent à l'hiver 1995 un mouvement de protestation massif qui contraint le gouvernement à reculer. L'histoire des deux décennies suivant 1992 ne sera qu'un long approfondissement de la fracturation politique du pays. Le référendum du 29 mai 2005 sur le traité constitutionnel européen, qui se solde par une très large victoire du « NON » à 54,68 % des suffrages exprimés, montre, par exemple, que les divergences entre citoyens et responsables politiques autour de la question européenne se sont encore creusées depuis 1992.

Le tournant identitaire

À l'automne 1989, le courrier adressé par le principal d'un collège de Creil aux parents de trois élèves voilées déclenche une controverse nationale. C'est la première manifestation d'un malaise identitaire autour de l'immigration et de l'islam qui ne va cesser de s'approfondir, au point d'empoisonner la conversation publique depuis lors. Il n'est pas anodin que les faits se soient déroulés à Creil, une ville de l'Oise conjuguant toutes les difficultés de la France des années 1980 : une désindustrialisation rapide, avec la destruction de 10 000 emplois industriels dans ce département sur la décennie, et une immigration familiale qui se poursuit malgré le tarissement des opportunités d'emploi. Il est aussi significatif que cette tempête médiatique ait pris naissance à travers un incident au sein d'un collège, tant l'école publique est dans l'imaginaire collectif un lieu privilégié de socialisation républicaine. En revanche, on est alors loin de se douter que cette tempête médiatique n'est que le fait annonciateur de trois décennies de débats et de controverses sur la laïcité, l'islam et l'immigration. De fait, une partie de la population d'origine immigrée se sent exclue de tout destin commun, comme l'avait manifesté la « Marche des Beurs » de 1983, premier moment de prise de conscience nationale des problèmes d'intégration et des discriminations. Les discriminations raciales à l'accès au logement, à l'embauche ou dans la vie quotidienne, sont profondes et relèguent plus encore une partie de la population, déjà mise à l'écart socialement et spatialement. Les grandes écoles et les filières d'excellence sont par ailleurs accusées d'assurer la reproduction des élites, ce qui est un fait : sur les 82 élèves de la promotion 2019-2020 de l'ENA, un seul a un père ouvrier.

Au-delà des crispations relatives à l'immigration et à l'islam dans la société française, un véritable tournant identitaire s'opère à partir de la décennie 1990. La désaffiliation vis-à-vis de la communauté nationale conduit les individus à construire d'autres attachements identitaires. Certains plus sympathiques que d'autres. La vogue des arbres généalogiques, particulièrement forte à partir des années 1990, est l'une des manifestations les plus aimables de ce tournant identitaire. L'inoffensive mode des tatouages et piercings, disséquée par Jérôme Fourquet dans *L'Archipel français* (Seuil, 2019), est un autre indice de cette volonté d'auto-affirmation identitaire des individus : 25 % des 18-34 ans reconnaissent avoir au moins un tatouage contre 7 % des 50-64 ans et 1 % des plus de 65 ans. La diversification des prénoms donnés aux enfants constitue aussi un signal faible de cette tendance à l'individuation. Alors que les parents ont longtemps puisé dans le seul calendrier chrétien pour le choix des prénoms de leur progéniture, on assiste dans les années 1990 à une explosion de créativité onomastique. En 2016, 55 000 nourrissons sur 762 000 naissances reçoivent un prénom rare.

La société se fragmente en petits îlots identitaires qui se regardent en chiens de faïence. Les générations Y et Z, nées dans les années 1990 et 2000, sont particulièrement marquées par ce basculement, en raison notamment de l'affaissement des institutions de socialisation républicaine. L'essor des radios et télévisions privées dans les années 1990 ainsi que des réseaux sociaux dans les années 2000 amène une incroyable diversification de l'offre de contenus d'informations qui ne présente pas que des inconvénients – elle permet d'échapper au monopole étouffant que détenait la radiotélévision d'État sur le débat public jusqu'au début des années 1980. Mais elle devient problématique lorsqu'elle contribue à enfermer les individus dans des petites tribus qui ne communiquent plus entre elles. C'est particulièrement vrai des réseaux sociaux et de leurs algorithmes qui emprisonnent les individus dans des bulles d'entre-soi. La vitalité démocratique suppose un véritable espace public de discussion dans lequel peut se dérouler une confrontation loyale d'idées contradictoires. Le repli identitaire des individus rend de plus en plus difficile la perpétuation de cette discussion civique. Toute contradiction est vécue comme une « agression » et la conversation publique se montre de plus en plus agressive. Peu à peu, le creuset républicain laisse ainsi place à un Arlequin identitaire – à l'archipel français décrit par Jérôme Fourquet.

Aussi comment reconnecter entre elles les îles de cet archipel ? Comment leur donner à nouveau le sentiment d'un destin commun ? Telle est la question cruciale qui doit désormais nous occuper.

*

Le moment est donc venu de tirer un bilan critique du modèle français de Modernisation. À première vue, il a permis de surmonter le choc traumatique de 1940, assurant le relèvement d'une société qui se savait sur le déclin et provoquant une profonde transformation des structures économiques, sociales et même culturelles. Les Français conservent à l'égard de leur modèle d'après-guerre, la Modernisation, une attitude ambiguë. Chaque fois qu'une réforme touche à l'un de ses aspects, elle est mal vécue dans l'inconscient collectif. Des réformes Juppé de 1995 visant à remettre la Sécurité sociale à l'équilibre financier à la suppression du corps préfectoral et de l'ENA, annoncée par Emmanuel Macron en 2021, le réformisme des dirigeants français est souvent mal accueilli par une population qui a l'impression qu'il vise à s'attaquer à ce qui reste du modèle qui l'a portée si longtemps.

Pourtant, ce dernier n'est plus que l'ombre de lui-même. Nous sommes condamnés à errer dans ses décombres tant que nous ne remettrons pas sur le métier l'ouvrage d'un nouveau modèle français.

PARTIE 2

Vers le nouveau modèle français

De 1968 à nos jours, la longue déliquescence du modèle français a conduit au constat d'un déclin de la nation. Pour certains, ce déclin s'est même mué en décadence, puis en déchéance. De crise en crise, incapable de s'adapter, de se réinventer, tandis que la France basculait dans la mondialisation, notre modèle est peu à peu devenu inopérant. Sans modèle fédérateur, la société française se voit traversée de tensions politiques et sociales toujours plus vives, et se fragmente.

La crise politique et culturelle que nous traversons ainsi que la perspective d'un profond bouleversement écologique déjà à l'œuvre ne doivent cependant pas conduire au fatalisme. Comme l'a montré la crise liée au Covid, de nouvelles lignes de force apparaissent dans le paysage français ; des manières novatrices d'entreprendre, de produire et de consommer, mais aussi de s'impliquer dans la citoyenneté émergent. C'est en s'appuyant à la fois sur ces nouveaux paradigmes et sur les fondamentaux républicains de notre nation que nous pourrons faire émerger un nouveau modèle, seul moyen concret de reprendre notre destin en main.

La forme du monde a changé en quarante ans ; nous vivons désormais à l'heure de l'hypermondialisation, de l'interconnexion généralisée. Rien ne l'illustre mieux que l'urbanisation planétaire. En 2050, 75 % de l'humanité devrait vivre en ville et 43 mégapoles compter plus de 10 millions d'habitants[1]. Or, la grande ville est le lieu par excellence de l'interdépendance. Tout y circule de manière accélérée : les marchandises, les capitaux, les informations, les humains, et également les légions de micro-organismes qu'ils transportent avec eux. La diffusion exponentielle du virus Sars-CoV2 à l'échelle du monde nous a obligés à prendre pleinement conscience de l'importance de ces interdépendances dans un monde globalisé. Comme l'écrivait déjà en 1933, le prix Nobel de médecine Charles Nicolle, lointain disciple de Pasteur : « La connaissance des maladies infectieuses enseigne aux hommes qu'ils sont frères et solidaires. Nous sommes frères parce que le même danger nous menace, solidaires parce que la contagion nous vient le plus souvent de nos semblables. »[2] Si le virus a pu circuler aussi vite, c'est parce que le réseau de contacts interpersonnels n'a jamais été aussi dense. Et cette interconnexion ne concerne pas seulement les êtres humains. L'extrême vulnérabilité de nos circuits économiques a été mise en lumière dès le début de la crise sanitaire : lorsque la Chine a été placée en quarantaine, de nombreux industriels européens ou américains ont connu des pénuries d'intrants, en raison de leur dépendance vis-à-vis de la sous-traitance chinoise. Une étude du *Financial Times* a ainsi révélé que 75 % des producteurs américains étaient, d'une manière ou d'une autre, dépendants de l'appareil industriel chinois.

Cette interdépendance planétaire achève de nous montrer qu'il est totalement artificiel et illusoire de séparer santé, économie et contrat social : la propagation exponentielle d'un virus a mis l'économie planétaire à genoux et a suspendu le cours normal de la vie politique dans la plus grande partie du monde. Toutes les nations, pour la première fois de l'histoire à l'unisson, se sont mobilisées sans relâche dans une course contre la montre afin d'empêcher une hécatombe, refusant l'absurdité aléatoire et statistique de la mort de masse. Il n'existe pas un seul gouvernement qui ait réellement appliqué la stratégie dite de l'« immunisation collective ». Certains pays comme le Brésil ont flirté avec la ligne rouge, mais les conséquences ont été si catastrophiques qu'ils ont dû rebrousser chemin. Contrairement à ce que l'on a pu lire ou entendre ici ou là, il n'y a donc guère eu d'arbitrage entre santé, économie et contrat social. La multiplication des maladies infectieuses, comme le Covid, n'est qu'une manifestation parmi d'autres de l'influence majeure qu'a désormais l'homme sur l'écosystème Terre à l'ère anthropocène : la rapidité et la gravité de leur expansion mondiale sont directement liées à l'urbanisation galopante et à la vitesse et densité des flux internationaux de marchandises et de personnes.

Cependant, l'anthropocène n'est pas un horizon aussi catastrophique qu'il est inéluctable ; il peut également avoir un impact positif à travers l'extension des principes de l'interdépendance sociale à l'ensemble du vivant. Humains, animaux, écosystèmes… santé, économie, politique… ne forment plus qu'un tout, indissolublement liés sur notre planète commune, pour le meilleur et pour le pire. De la crise du Covid, nous pouvons ainsi tirer la leçon que l'économie ne peut plus avoir pour unique raison d'être l'augmentation continue de la productivité, comme à l'époque de la Modernisation. Elle doit intégrer aux processus productifs la sauvegarde de la santé humaine et des écosystèmes. C'est désormais une nécessité primordiale. Et de la même manière, le contrat social ne peut plus faire l'impasse sur la question du réchauffement climatique. Si le monde devient inhabitable, la question du politique et du contrat social ne se posera même plus, et la menace est réelle, ne tenant qu'à quelques degrés de plus dans ce mince habitacle qu'est la troposphère, couche inférieure de l'atmosphère terrestre.

Un nouveau principe directeur, global et planétaire, est nécessaire. Paraphrasant Emmanuel Kant, nous pourrions formuler l'impératif catégorique du nouveau modèle à inventer ainsi : « Agis de telle sorte que ton action favorise à la fois ton bien-être individuel et la construction d'un "monde en commun", assurant conjointement l'habitabilité de la Terre et la résilience de la société dans laquelle tu vis ». Chaque geste du quotidien, chaque acte individuel doit désormais être interrogé à l'aune de ses répercussions sur la perpétuation de la vie sous toutes ses formes aussi bien que sur la cohésion sociale. En instaurant une nouvelle politique planétaire de l'interdépendance, il est possible de construire un nouvel élan, qui fasse advenir un futur désirable malgré les bouleversements irréversibles dont nous sommes les témoins autant que les agents.

Dans le même temps, nous vivons une crise nationale. La fragmentation de la société française que nous éprouvons depuis quarante ans peut, elle aussi, avoir des effets catastrophiques. Il existe en effet de moins en moins de passerelles entre les Autonomes, les Autochtones et les Entre-Deux.

Or il est possible de faire de cette double crise, planétaire et nationale, le point de départ d'un nouveau modèle français, qui reste à inventer. Celui-ci ne devra pas faire table rase du passé, mais bien s'appuyer sur ce qui reste du modèle qui l'a précédé : il en reprendra le souci fondamental, celui de la reconstruction d'un grand destin français, en prenant au sérieux le double changement d'ère (l'entrée dans l'anthropocène) et d'aire (l'entrée dans la mondialisation) qu'a connu la France ces quarante dernières années. Il s'attachera à restaurer la continuité historique et la cohésion sociale et territoriale, mises en péril par la rupture de l'hypermondialisation et l'horizon de la catastrophe écologique.

Comme en 1945, l'instauration de ce nouveau modèle suppose de franchir trois étapes : d'abord, établir un diagnostic commun ; ensuite, poser les bases d'un mode de développement économique ; enfin, diffuser une nouvelle culture civique, qui ne pourra plus être celle de la seule consommation marchande et de l'individualisme, mais plutôt celle d'une civilisation républicaine réinventée – en partant de la base.

Chapitre 1

Un nouveau diagnostic partagé

Au techno-futurisme qui animait la génération des modernisateurs d'après-guerre, la génération de Mai 68 a opposé le culte du présent. Mais le monde contemporain ne permet plus d'avoir confiance en son présent, inquiétant et instable à la fois. Et il ne permet pas plus de croire en son futur, où s'esquisse de plus en plus précisément la catastrophe climatique à venir.

Pris au piège entre un présent insatisfaisant et un futur angoissant, il se pourrait que nous vivions l'époque du « délai » : ultime période, sorte de sas temporel, qui nous séparerait de la fin des temps, comme l'avaient imaginé les prophètes de l'apocalypse millénariste de la fin du Moyen Âge[3]. Le délai rend caduc aussi bien tout projet politique que le temps même de l'histoire. Il ne nous resterait plus qu'à nous repentir de nos errements et à attendre la fin du monde, ainsi que nous y invitent bon nombre de collapsologues qui envahissent les présentoirs des librairies et les plateaux de télévision. Pourtant la double catastrophe planétaire et nationale n'est pas inéluctable, et la prise de conscience de la menace qu'elle représente peut constituer l'acte fondateur du nouveau modèle français.

Pour établir un diagnostic partagé de la catastrophe possible et des moyens de la conjurer, les enseignements du passé peuvent être mobilisés. Nous pouvons en effet nous inspirer de la méthode Monnet, et du consensus qu'il a réussi à faire émerger pour donner une base commune solide au Plan. Il s'agit d'être à nouveau capable de forger, au moyen d'une large concertation, une image de l'avenir suffisamment optimiste pour faire mentir la catastrophe, et suffisamment crédible pour mobiliser les forces sociales. Cela passe par la restauration d'une culture du temps long au cœur de nos institutions, faute de quoi nous resterons les otages du présentisme.

Des institutions pour le temps long

Le réchauffement climatique, le vieillissement de la population, la soutenabilité de la dette, la lutte contre l'inégalité sociale ou territoriale, la transformation numérique de notre économie… : ces défis ne sont ni de droite ni de gauche, ils appartiennent à tous et à chacun et requièrent un diagnostic partagé. Et s'il est légitime de proposer des solutions politiques différenciées et parfois contradictoires, il convient tout de même de s'accorder sur des diagnostics objectifs, incontestables et dégagés de tout préjugé et de toute idéologie.

Par exemple, s'agissant de la lutte contre le réchauffement climatique, il existe une pluralité de voies et de moyens qui peuvent se combiner pour atteindre la neutralité carbone d'une économie (sobriété énergétique, taxe carbone et prix du CO_2, montée en puissance des énergies renouvelables ou du nucléaire dans le mix énergétique, etc.), mais pour qu'il puisse y avoir débat sur les décisions à prendre et les plans d'action à lancer, encore faut-il qu'il y ait un consensus sur l'état des lieux de la planète et l'objectif à atteindre. Ce consensus existe déjà de manière diffuse dans la société. Ainsi 83 % des Français considèrent-ils que le changement climatique est un sujet majeur, et 68 % d'entre eux de déclarer que la lutte contre le réchauffement climatique et la protection de l'environnement doivent réunir les citoyens par-delà leurs divisions[4]. Mais il est nécessaire de solidifier ces consensus au moyen de diagnostics précis et exhaustifs, et de les ancrer au cœur de la vie publique à travers nos institutions.

Il s'agit donc de repenser l'équilibre de nos institutions afin de retrouver des lieux au sein desquels puissent s'établir de tels diagnostics consensuels sur des visions à long terme. Nous pourrions par exemple créer une Chambre de l'avenir en lieu et place de l'actuel Conseil économique, social et environnemental (Cese). Elle réunirait des citoyens tirés au sort, des élus locaux, également des représentants de la société civile organisée, à commencer par les chefs d'entreprise et les représentants des salariés, ainsi que des experts. Son rôle serait de réfléchir aux grandes transitions, écologique bien sûr, mais aussi démographique, numérique et productive, dans des projections sur plusieurs années. Elle définirait ainsi les grandes orientations politiques, économiques et sociales à privilégier afin de faire face aux enjeux de demain. Elle assumerait aussi un rôle budgétaire déterminant, en fixant les montants des investissements d'avenir nécessaires ainsi que leur calendrier pour financer les politiques de prise en charge de ces transitions, aussi essentielles qu'incontournables. Cette feuille de route devrait, bien sûr, être ratifiée par l'Assemblée nationale et le Sénat. Si notre démocratie représentative actuelle ne permet qu'imparfaitement de prendre en compte le long terme, en particulier les intérêts des générations futures qui ne disposent pas du droit de vote, une telle institution permettrait de corriger cette myopie politique et institutionnelle[5].

Le Haut-Commissariat au Plan, quant à lui, ne saurait se réduire au think tank qu'il est aujourd'hui. Il devra devenir l'organe d'exécution de cette trajectoire d'investissement définie par la Chambre de l'avenir. Son outil d'action serait pécuniaire et lui permettra de piloter les financements d'avenir, rôle assumé aujourd'hui par le Secrétariat général pour l'investissement (SGPI). Le haut-commissaire au Plan pourrait d'ailleurs être placé directement auprès du président de la République, car la fonction présidentielle a la responsabilité du temps long, une chance héritée de la Constitution de la Ve République qu'il convient de préserver – mieux : de restaurer.

Depuis l'introduction du quinquennat et l'inversion du calendrier électoral, le président élu, malgré un score de premier tour parfois étriqué, se retrouve automatiquement doté d'une large majorité à l'Assemblée nationale. Une partie du malaise démocratique français se trouve dans ce décalage entre la fragile assise électorale des présidents élus et le pouvoir que leur confèrent les institutions. La cote de popularité du président élu dégringole ainsi rapidement et sa capacité à opérer s'en trouve entravée. Le pouvoir présidentiel s'est accru sous la Vᵉ République en fonction inverse de sa puissance d'agir. Ce grand pouvoir peine à s'actualiser dans des actions qui engagent l'ensemble de la société sur le long terme. Cet état de fait dommageable a des répercussions profondes sur la fonction présidentielle elle-même, qui devrait être garante de l'unité et de la continuité de la nation et de l'État républicain, au-delà des conflits quotidiens de la « politique politicienne » et du jeu des oppositions. Cette dissociation entre démocratie conflictuelle du quotidien et continuité de l'État républicain, qui se trouvait aux fondements mêmes de la Vᵉ République, a été peu à peu réduite à néant dans les faits, au profit de la dictature de l'immédiateté. François Mitterrand aimait à dire qu'après lui il n'y aurait plus de grand président ; il avait perçu le basculement présentiste auquel il a d'ailleurs contribué, même s'il cultivait cet étrange rapport au temps qu'atteste sa formule favorite : « Il faut donner du temps au temps ». Depuis ses mandats, la fonction présidentielle a subi une profonde métamorphose et une nette diminution de son aura symbolique. Elle s'est banalisée dans le temps quotidien et est, en réalité, devenue le décalque de celle de Premier ministre, a fortiori avec l'inversion du calendrier électoral. Les rôles se sont en quelques sortes inversés : le

Premier ministre a longtemps été perçu comme un « simple collaborateur » du président de la République, désormais, c'est ce dernier qui se voit réduit à n'être qu'un « super Premier ministre ». De ce point de vue, la proposition formulée par certains de supprimer la fonction de chef de gouvernement, présentée comme un « doublon inutile », s'entend sur le plan strictement logique. Mais elle manque l'essentiel sur le plan politique : qui serait alors le gardien du long terme ? Plutôt que de supprimer la fonction de Premier ministre, il convient plutôt de réinventer la fonction présidentielle en la dégageant des enjeux de court terme et de l'actualité immédiate pour la concentrer sur quelques domaines essentiels, tels que la défense nationale, les relations internationales, la place de la France en Europe et dans le monde, ou encore la construction de grands compromis nationaux, à commencer par la défense et l'illustration d'un nouveau modèle français. Une direction bicéphale au sommet de l'exécutif français présente de réels avantages, à condition de mieux dissocier les fonctions : d'un côté le président de la République, flanqué du haut-commissaire au Plan, aurait autorité sur le gouvernement pour tout ce qui touche au temps long et aux intérêts vitaux de la nation ; de l'autre le Premier ministre, chef de la majorité, resterait plus que jamais en charge de conduire au quotidien la politique du gouvernement, comme le prévoit déjà notre Constitution. Pour encore mieux dissocier ces deux fonctions, il conviendrait également de différencier davantage les mandats : le président serait élu au suffrage universel direct pour un mandat unique et long – de sept années par exemple, tandis que le Premier ministre serait le chef d'une majorité parlementaire élue pour quatre ans.

Le système actuel est d'autant plus déconnecté de la réalité politique de la France que l'offre politique se fragmente de plus en plus, une évolution que l'on observe dans la plupart des pays démocratiques occidentaux[6]. Le paysage politique n'est plus structuré par deux grands partis, l'un de sensibilité sociale-démocrate, l'autre d'obédience conservatrice, récoltant chacun 35 à 40 % des suffrages comme c'était le cas presque partout en Europe durant les « Trente Glorieuses ». Désormais, l'heure est à la différenciation extrême de l'offre partisane. Il existe une myriade de partis obtenant entre 5 et 15 % des voix aux différentes élections, sans parler de la considérable hausse de l'abstention, et les allégeances des citoyens sont fluctuantes – la science politique parlant à ce sujet de « volatilité électorale ». Pour prendre en compte cette nouvelle donne, le mode de scrutin aux élections législatives devra faire une large part à la proportionnelle, pour au moins 40 % des sièges à pourvoir. Ainsi l'Assemblée nationale sera-t-elle plus représentative de la réalité des rapports de force politiques dans le pays. Toutes ces réformes sont complémentaires : l'instauration de la proportionnelle à l'Assemblée nationale n'est pas pensable sans la création d'une Chambre de l'avenir et le repositionnement de la fonction présidentielle sur le temps long. Et réciproquement.

En transformant le Cese en Chambre de l'avenir ; en dégageant la fonction présidentielle de la dictature de l'immédiateté ; en lui donnant un véritable bras armé en la personne du haut-commissaire au Plan ; en introduisant enfin une dose importante de proportionnelle à l'Assemblée nationale, on se donne les moyens de forger à nouveau de grands diagnostics partagés qui constitueront les fondations du nouveau modèle français. Bref, on remet la préparation de l'avenir au cœur du contrat social, comme à la Libération.

Les facteurs de rassemblement

Une refonte institutionnelle permettant d'établir de grands diagnostics partagés ne suffira cependant pas à faire advenir le nouveau modèle français. Il importe aussi de repérer les facteurs de rassemblement sur lesquels bâtir ce nouveau modèle. Celui-ci ne pourra en effet s'élaborer qu'à partir de pratiques consensuelles d'ores et déjà à l'œuvre au sein de la société française, fût-ce sous la forme de signaux faibles.

Le désir d'ancrage territorial

Le premier de ces facteurs de rassemblement est le désir d'enracinement. Pour la philosophe Simone Weil, il est « peut-être le besoin le plus important et le plus méconnu de l'âme humaine. »[7] Or notre société est traversée, aujourd'hui davantage qu'il y a trente ans, par une puissante aspiration à l'ancrage territorial, y compris de la part de l'hyper-classe autonome qui s'est longtemps vécue comme nomade. Le confinement dû à la crise du Covid a constitué une expérience provisoire de remise en cause des habitudes citadines et des choix de vie urbaine, il a aussi eu pour conséquence d'accélérer une dynamique déjà à l'œuvre, celle du freinage de la métropolisation et du retour relatif vers les villes moyennes, les petites communes et la ruralité.

Cela fait déjà trente ans que les géographes parlent d'exode urbain, en contrepoint de l'exode rural qui a vu les campagnes françaises se vider de 12 millions de leurs habitants depuis le milieu du XIXe siècle, avec une très nette accélération entre 1930 et 1975, au moment de la mécanisation de l'agriculture et de l'introduction de la chimie dans les cultures. L'exode urbain, phénomène inverse, a, quant à lui, commencé dès la seconde moitié des années 1970, alimentant surtout les banlieues pavillonnaires et les couronnes périurbaines[8]. Il existe aujourd'hui en France 16 millions de maisons individuelles avec jardin. La loi de 1977 sur le financement du logement, qui propose des aides à la construction, a marqué une rupture avec une politique tournée depuis l'après-guerre vers le logement social très concentré dans les pôles urbains. La décentralisation de la compétence en matière d'urbanisme, donnée aux communes et à leurs groupements grâce à la loi Defferre du 7 janvier 1983, a également favorisé le phénomène. En effet, les maires ont massivement favorisé la requalification de terres agricoles en terrains constructibles et la délivrance de permis de construire afin de maximiser leur population et leurs recettes fiscales. En 1962, 27 millions de Français vivaient dans des pôles urbains, soit près de 60 % de la population, tandis que 13,6 millions de Français vivaient dans des espaces ruraux, ce qui représentait seulement 25 % de la population, et les 5,6 millions de Français restants habitaient les couronnes périurbaines. En 2006, les espaces ruraux accueillaient toujours 13,6 millions de Français, mais la population totale avait, dans l'intervalle, augmenté de 15 millions de personnes. Les couronnes périurbaines étaient les grandes gagnantes de ces évolutions en passant à 13,3 millions d'habitants, soit un doublement en quarante ans[9]. Ce choix était avant tout fonctionnel, encouragé par des incitations fiscales et financières comme le fameux prêt à taux zéro (PTZ), ainsi que par l'imaginaire de l'accession à la propriété. Nicolas Sarkozy, lors de sa campagne de 2007, réactivait encore le thème de la « France de propriétaires ». En d'autres termes, s'il y a bien eu un exode urbain depuis le milieu des années 1970, l'essentiel des départs s'est effectué au profit des zones périurbaines et a été dicté par des considérations fonctionnelles. Aurélien Bellanger, auteur des romans *L'Aménagement du territoire* (Gallimard, 2014) et *Le Grand Paris* (Gallimard, 2017), le décrit très bien : « Quelque chose se jouait ici, à une heure de Paris, derrière les vitres rayées des RER, l'existence d'un nouveau type de regroupement humain, essentiellement caractérisé par son éloignement du centre et par sa densité de population très faible, sans qu'on soit pour autant à la campagne – on était bien en ville, dans la mesure où les solidarités rurales traditionnelles n'existaient plus, on était bien en ville, même si l'emploi avait disparu et si les infrastructures de transport, affaiblies et intermittentes, faisaient de plus en plus défaut, on était bien en ville, et même dans ses quartiers les plus pauvres, ses nouvelles zones sensibles – bien que leur population, majoritairement blanche, ne soit pas issue de l'immigration. »[10]

Cette aspiration à l'enracinement territorial se double depuis peu d'un nouvel usage du territoire. Les cadres métropolitains les plus aisés cherchent de plus en plus à acquérir un second lieu de vie dans un espace rural ou dans une petite ville à proximité de la métropole, où ils possèdent leur résidence principale. Les agents immobiliers parlent de « résidence semi-principale » pour désigner une résidence occupée plusieurs jours dans la semaine, y compris les jours ouvrés, télétravail aidant. Bien sûr, ce redéploiement du territoire n'est pour l'instant qu'une tendance émergente, qui concerne une minorité ultra-privilégiée de la population, et il ne faut pas en attendre un effet de rééquilibrage économique significatif en faveur des villes moyennes et des petites communes. Entre 2008 et 2018, 12 des plus grandes aires urbaines du pays ont continué de créer de l'emploi, malgré la crise, tandis que le reste du pays en détruisait plus qu'il n'en créait[11]. En revanche, on peut espérer du télétravail qu'il favorise davantage les comportements de « navetteurs choisis » entre métropoles et petites villes ou zones rurales. Le géographe Daniel Béhar fait valoir à raison que le télétravail et le désir d'un meilleur enracinement dans l'espace de vie sont une excellente nouvelle pour la cohésion des territoires : cela intensifie les flux entre ceux-ci et renforce leur interdépendance fonctionnelle. Le télétravail favorise à la fois une plus grande sédentarité, au sens où les individus peuvent réaliser le rêve de s'installer dans un lieu de vie qui répond mieux à leurs attentes et aspirations, mais aussi un plus grand nomadisme, du fait qu'ils peuvent passer la moitié de la semaine dans une métropole et l'autre, dans une petite ville ou à la campagne. Comme l'écrit Daniel Béhar : « Au travers de leurs mobilités, ces adeptes du "zapping territorial" vont multiplier et intensifier les liens entre les territoires. »[12] Ce faisant, cette réappropriation de l'espace de vie par les Français n'a rien d'un retour à la terre, nostalgique ou réactionnaire. Il s'agit plutôt d'une nouvelle étape dans la montée en puissance des interconnexions fonctionnelles entre les territoires, ce qui n'a rien de surprenant à l'heure de l'interdépendance généralisée. Petit à petit, la France se structure comme une constellation de grandes métropoles, chacune irriguant les couronnes périurbaines et les villes moyennes qui les entourent, ces dernières organisant leur environnement local, tramé de petites villes et de villages. Pour chaque système territorial organisé par une métropole régionale, l'enjeu est donc de s'assurer que les circulations au sein du maillage complexe du réseau soient fluides et équilibrées.

Cette reconfiguration territoriale semble en bonne voie. Au-delà des situations ultra-privilégiées des Autonomes qui peuvent partager leur temps entre deux lieux de vie, l'année 2020 a vu le nombre de transactions immobilières augmenter très fortement dans les villes moyennes, les petites villes, ainsi que les espaces ruraux. Avec l'essor du télétravail, 31 % des habitants de métropoles confiaient en 2020 songer à déménager[13]. Les 234 villes moyennes du programme national « Action cœur de ville » (programme interministériel œuvrant à la revitalisation des centres de villes moyennes) présentent un fort dynamisme des transactions immobilières et les prix sont repartis à la hausse, même dans des villes où les biens avaient vu leur valeur s'effondrer entre 2008 et 2018[14]. Les Français habitants des villes moyennes interrogés par l'Ifop sur le rapport au territoire confient rechercher « la proximité d'accès » et « l'usage collectif »[15]. La proximité d'accès avec l'aspiration à des déplacements plus pratiques et rapides pour 41 % des sondés, l'accès à de bons services de santé pour 38 % d'entre eux et à des commerces de proximité pour 37 %. L'usage collectif avec la présence des services publics pour 36 % d'entre eux et d'espaces verts pour 35 %. Alors que dans la civilisation industrielle, dominée par la Modernisation, le territoire était en quelque sorte relégué au second plan au profit des déplacements motorisés de l'individu – au lourd bilan carbone –, l'attachement à un certain lieu de vie, accueillant et répondant aux nouveaux modes d'organisation du quotidien, est plus que jamais d'actualité, favorisé par l'essor du télétravail. L'individu n'est pas un atome en suspension dans un espace radicalement extrinsèque : il habite de plain-pied un bassin de vie auquel il est lié par un ancrage souvent familial mais aussi par des choix personnels d'affinités. On aime un lieu parce qu'on y est né ou parce qu'on l'a choisi, pour des raisons économiques ou pour son histoire, ses habitants, son environnement.

Le recours forcé au télétravail durant les confinements successifs a accéléré ce redéploiement, au moins dans le secteur des services. Un retour en arrière semble peu probable même si les réticences des employeurs français restent trop élevées par rapport au reste des pays de l'OCDE. Selon une enquête, 45 % des salariés du secteur privé ont télétravaillé en 2020, dont 25 % à temps plein[16]. Cette donnée est à rapprocher de la même enquête menée en 2017, établissant que seuls 3 % des salariés du privé télétravaillaient au moins un jour par semaine. Le travail à distance reste cependant très clivé socialement : 39 % des actifs déclarent que leur métier ne s'y prête pas tandis que 36 % affirment que le leur y est tout à fait ouvert. Sans surprise, on retrouve une majorité d'Autochtones dans la première catégorie et d'Autonomes dans la seconde.

Le télétravail est un levier important pour la réinstallation à temps plein ou partiel, et non simplement pour les week-ends et vacances, des actifs diplômés dans les villes moyennes, les petites villes et la ruralité. Sa généralisation permettra ainsi au territoire français de renouer avec ses équilibres historiques décrits par Fernand Braudel dans *L'Identité de la France*[17] lorsqu'il évoque le système « ville-bourg-village » structurant l'espace français depuis le Moyen Âge. Le repeuplement des petites villes et des villes moyennes est donc tout sauf une affaire de folklore. Il en va de la cohésion sociale et nationale, a fortiori si les populations qui réinvestissent ces lieux sont des diplômés provenant des grandes métropoles, les Autonomes. Ces populations aisées contribuent à recréer de la mixité sociale dans les petites villes ou des villes moyennes touchées par l'exode des diplômés ; elles sont un moteur pour une offre culturelle de qualité dans le tissu local ; et elles injectent de l'argent dans l'économie de proximité, permettant de diversifier un tissu économique souvent dépendant de la redistribution et peu tourné sur des activités de production autonomes[18].

La Biovallée dans la Drôme constitue une expérience pionnière de redynamisation de la ruralité qui pourrait demain essaimer sur l'ensemble du territoire si le télétravail se généralise et s'installe durablement dans les mœurs. À la fin des années 1970, des Néerlandais et des Allemands néoruraux, les premiers du genre, s'y installent. C'est le début d'un repeuplement de ce bassin de vie déserté depuis l'après-guerre, au rythme de l'exode rural. Dans les années 1990, le solde démographique est de nouveau positif. La Biovallée est ainsi devenue un modèle économique, politique et écologique. Des entreprises compétitives s'y sont établies à l'instar de l'Herbier du Diois, qui transforme des plantes aromatiques et médicinales collectées auprès de 300 fournisseurs locaux, et qui les vend en France et à l'international, de la société Charles & Alice, située à Allex, qui produit des compotes bio, ou encore de Biotop, une entreprise élevant des insectes destinés à remplacer les pesticides dans les exploitations agricoles[19].

Cette Biovallée est également un modèle de gouvernance démocratique. Le taux de participation aux élections y est systématiquement supérieur à ce qu'il est dans le reste du département, notamment dans la vallée du Rhône, un espace structuré par le corridor autoroutier reliant Valence à Montélimar. Ce couloir est la projection spatiale du modèle français d'après-guerre : il est entièrement organisé par les énergies fossiles. Les banlieues pavillonnaires s'y étendent à perte de vue, sous la forme d'un habitat dispersé. Les déplacements domicile-travail ne sont possibles qu'au moyen d'un véhicule motorisé. Le pétrole n'est pas seulement l'énergie clé de l'organisation de ce territoire, il en est aussi le principal employeur : les entreprises de la pétrochimie du couloir rhodanien sont parmi les principales pourvoyeuses d'emploi privé. L'espace y est nettement segmenté : d'un côté, les zones pavillonnaires, de l'autre, les zones d'activités commerciales où dominent les hypermarchés et les magasins spécialisés et enfin les zones industrielles, dans lesquelles les entrepôts logistiques remplacent les usines qui ferment les unes après les autres. Pendant ce temps, à Montélimar ou à Valence, les centres-villes se dévitalisent. Jérôme Fourquet, sondeur et politologue, auteur de *L'Archipel français*, a observé que les ronds-points occupés par les Gilets jaunes en novembre 2018 y étaient plus nombreux que dans la Biovallée ; il note par ailleurs que le Rassemblement national (RN) a enregistré ses scores les plus élevés dans cette partie du département[20]. Au contraire, dans la Biovallée, ce que les habitants recherchent n'est plus la croissance matérielle, la propriété des « choses », mais des expériences et des usages du monde. Le nouveau visage de la France s'y invente pas à pas. Ces expériences peuvent être aussi bien sensorielles, comme la contemplation de la vallée de la Drôme depuis le vieux pont de Crest, que sociales ou économiques. Si elles se sont jusqu'à présent déclinées sur un mode expérimental, elles pourraient demain inspirer de nouvelles normes. Au marché de Crest, tous les produits sont locaux et issus de l'agriculture biologique. La Biovallée possède la surface agricole utilisée pour l'agriculture biologique la plus élevée de France : un tiers des terres exploitées contre 7,5 % en moyenne dans l'hexagone et 17 % dans le reste du département[21]. L'objectif affiché est d'atteindre les 50 %. Les exploitations y sont beaucoup plus démembrées qu'ailleurs, à l'inverse des grandes exploitations agricoles aux rendements optimisés qui se sont imposées durant la Modernisation. À Saillans, le commerce de proximité s'est redynamisé, l'artisanat également. Il ne s'agit cependant pas d'un retour passéiste à la France d'avant les « Trente Glorieuses » : une forte dimension d'innovation technologique est présente dans l'agriculture biologique drômoise ou au sein des tiers-lieux, ces nouveaux espaces ouverts consacrés à la vie sociale de la communauté, où s'échangent ressources techniques, compétences et savoirs. C'est pourquoi le raccordement au très haut débit, voire à la fibre optique, est important sur l'ensemble du territoire français, en particulier dans la ruralité. L'Internet est un vecteur incontournable de l'échange d'informations, du partage de connaissances et de création de nouvelles collaborations. Ce sont les expériences qui l'emportent sur les choses, les usages sur la propriété. C'est un nouveau rapport au monde qui s'invente à son rythme, à pas comptés, même s'il ne faut pas occulter les conflits d'usages ou de valeurs que suscite l'arrivée de néoruraux dans la Biovallée, comme dans beaucoup de zones rurales, entre les « Anciens » et les « Néos ».

La prise de conscience d'une urgence écologique

Le deuxième facteur de rassemblement sur lequel fonder le nouveau modèle français est l'écologie. La conscience écologique des Français a progressé de manière spectaculaire depuis 2018. Les sondeurs qui auscultent l'opinion ne savent pas s'il faut y voir l'effet de la démission choc de Nicolas Hulot le 28 août 2018, l'impact de campagnes médiatiques comme « l'Affaire du siècle » qui a recueilli près de 2 millions de signatures[22], les manifestations hebdomadaires des lycéens de la Génération climat ou, plus plausiblement, la multiplication des phénomènes climatiques extrêmes constituant autant d'alertes tangibles : températures caniculaires (jusqu'à 45 degrés, au cœur du mois d'août, dans certaines villes du Midi), feux de forêt intempestifs, recul des traits de côte au Pays basque ou en Vendée, effondrement de la biodiversité dans les campagnes françaises où les printemps sont de plus en plus silencieux, avec la disparition de nombreuses espèces d'insectes et d'oiseaux… La préoccupation écologique s'impose en tout cas comme un deuxième facteur de rassemblement après le désir d'enracinement. Loin d'être le terreau d'un nouveau clivage entre Autonomes, Autochtones et Entre-Deux, le souci écologique traverse au contraire toutes les strates de la société et sera demain un élément de la réconciliation nationale. L'ONG Destin commun France/More in Common a publié, en février 2020, une enquête approfondie sur la vie démocratique en France[23]. Les résultats de l'étude confirment que la préoccupation écologique est un puissant affect unificateur : 68 % des Français interrogés déclarent que la lutte contre le réchauffement climatique et la protection de l'environnement doit réunir les citoyens par-delà leurs divisions. Ce résultat est d'autant plus surprenant que le mouvement des Gilets jaunes, pourtant soutenu par plus de 80 % des Français lorsqu'il s'est déclenché en novembre 2018, a pris pour point de départ l'augmentation de la taxe carbone acquittée par les automobilistes. C'est la preuve que ce mouvement social n'était pas motivé par le rejet de la transition écologique et la volonté de conserver des modes de vie polluants, mais plutôt par un puissant désir de justice sociale et une aspiration à davantage d'égalité. D'ailleurs, peu de Français interrogés perçoivent la transition écologique comme une menace. Ils ne sont par exemple que 23 % à penser qu'elle va détruire des emplois. Le souci des jeunes générations rassemble 87 % des sondés. Enfin, 81 % de ceux-ci estiment essentiels les gestes individuels pour l'environnement dans leur quotidien, et en éprouvent de la fierté. Comme l'ancrage territorial, la préoccupation écologique constitue donc un affect mobilisateur qui peut être mis au service du nouveau modèle français, réunifiant une société par ailleurs multifracturée sur des sujets aussi divers que l'islam, la protection sociale, l'immigration ou encore la sécurité. La question écologique ne doit pas servir à ouvrir un nouveau « front social », voire, dans certaines conceptions, à se substituer à la lutte des classes, mais plutôt fonctionner comme un vecteur de projection dans l'avenir. Ce qui n'exclut naturellement pas une forme de radicalité dans les mesures à prendre pour atteindre la décarbonation, par exemple en organisant le démantèlement de l'économie thermofossile ou le passage progressif mais résolu à une agriculture délivrée de la chimie. Ces changements feront à coup sûr des mécontents, ils nécessiteront d'affronter des lobbys puissants, mais il est de la responsabilité du gouvernement de s'assurer que les citoyens et la concorde sociale n'en fassent pas les frais, grâce à une politique ambitieuse d'accompagnement social des transitions.

L'attachement à l'unité républicaine

Enfin, troisième et dernier facteur de rassemblement : l'unité républicaine. Celle-ci est intimement liée au concept de « souveraineté » qui réunit trois dimensions essentielles dans notre pays : la forme républicaine du gouvernement, un territoire indivisible, un peuple de citoyens. La forme républicaine de notre pays fait aujourd'hui l'objet d'un très large consensus et se trouve gravée dans le marbre de la Constitution, à l'article 89, qui ne peut faire l'objet d'aucune révision. Personne ne songe désormais sérieusement à renverser la République. Pourtant, l'histoire politique française du XIXe siècle a bien été celle d'un cheminement erratique et sinueux d'un régime à l'autre : la Restauration bourbonienne en 1815, la Monarchie absolue en 1824, la Monarchie constitutionnelle en

1830, la IIe République en 1848, le Second Empire en 1852, puis la IIIe République en 1870... Jusqu'en 1940, quand la « Révolution nationale » du maréchal Pétain prétend à son tour en finir avec les errements du gouvernement de nature républicaine. Le renversement de la « Gueuse », comme on la calomnie alors, a été l'obsession constante d'une partie du corps social français au moins jusqu'à la Seconde Guerre mondiale. Ce n'est qu'avec l'instauration de la Ve République, en 1958, que le général de Gaulle se vante d'avoir stabilisé la forme du régime, en affirmant avoir réglé une question « vieille de 166 ans »[24].

Notre pays jouit en outre d'une unité et d'une intégrité territoriales parmi les plus solides d'Europe. Plusieurs de nos voisins, notamment l'Espagne, l'Italie, le Royaume-Uni ou encore la Belgique, sont en proie à des mouvements sécessionnistes durs qui remettent en cause l'espace de la nation. Le gouvernement catalan par exemple a organisé un référendum, déclaré illégal par la Cour suprême espagnole, au cours duquel une majorité de votants se sont prononcés pour l'indépendance de la communauté autonome. L'Écosse, elle, a déjà tenu trois référendums sur son statut et son avenir au sein du Royaume-Uni : le 1er mars 1979, le 11 septembre 1997, et enfin le 18 septembre 2014 qui voit 44,7 % des votants se prononcer pour l'indépendance.

La Première ministre écossaise, Nicola Sturgeon, a d'ailleurs annoncé la tenue d'un quatrième référendum de ce type, pour tirer les conséquences du Brexit. La Belgique, quant à elle, traverse une crise constitutionnelle quasi continue en raison des volontés sécessionnistes du parti NVA (*Nieuw-Vlaamse Alliantie*) de Bart de Wever, dont le projet est la création d'une république flamande indépendante. En 2010-2011, la Belgique s'est retrouvée sans gouvernement pendant 541 jours consécutifs. Durant cette période de crise institutionnelle, la possibilité de la «fin de la Belgique» a été clairement envisagée. À l'inverse de ces voisins, la France jouit d'une intégrité territoriale pleine et entière. S'il existe bien un régionalisme breton ou alsacien, celui-ci ne va pas jusqu'aux prétentions sécessionnistes, ses partisans les plus véhéments se contentant de demander un «droit à la différenciation» accru dans les lois de décentralisation. Quant au nationalisme corse, après une intense activité durant les années 1990, il semble s'être apaisé au profit d'un autonomisme raisonné. Souvenons-nous en comparaison que la génération des pionniers de la IIIe République avait vécu durement la perte de l'Alsace et de la Moselle après la guerre franco-allemande de 1870, et que les litiges frontaliers étaient nombreux et vivaces. Alors que mille urgences l'attendaient, que mille incendies s'allumaient, l'une des premières tâches de De Gaulle à la tête du gouvernement provisoire de la France libérée était d'ailleurs de régler des conflits frontaliers avec la nouvelle république italienne[25].

À travers ces trois facteurs de rassemblement – désir d'enracinement territorial, sensibilité écologique, unité républicaine – nous accédons à la matière brute à partir de laquelle construire le nouveau modèle français.

Chapitre 2

Un nouveau système productif : l'économie du bien-être

Nous avons jeté les fondations du modèle, il s'agit désormais de construire un véritable projet de société, ce qui suppose de trouver le mode de production qui lui corresponde. Pour Karl Marx, père de ce concept, un mode de production désigne un moment historique de la production économique et l'organisation sociale et juridique qui lui est associée[26]. Par exemple, la féodalité est le mode de production par excellence de l'Ancien Régime. Comme Karl Marx l'avait déjà repéré, ces modes de production sont historiquement situés : aux sociétés esclavagistes de l'Antiquité succédèrent les sociétés féodales de l'Ancien Régime, puis le capitalisme industriel de la Modernité tardive. Ces modes de production répondent également à un emplacement géographique déterminé. Le capitalisme mondialisé est aujourd'hui dominé par deux modes de production concurrents – le capitalisme dérégulé de plateforme et le capitalisme étatiste – mais aucun des deux ne propulsera le nouveau modèle français[27]. Il faut donc en développer un troisième.

Le premier mode de production a pris son envol à la fin des années 1980. Il s'agit du capitalisme financier et technologique, dominé par les États-Unis, que l'on pourrait résumer par l'expression « capitalisme de plateforme ». Il s'appuie sur la déréglementation financière, à l'œuvre depuis le milieu des années 1980, et sur les gains rapides permis par la constitution de plateformes numériques mondiales capables d'agréger un grand nombre de consommateurs : Google, Amazon, Facebook, Airbnb… Toutes ces plateformes sont parvenues, chacune dans leur domaine et en quelques années seulement, à devenir presque hégémoniques auprès de milliards de consommateurs. C'est leur position quasi monopolistique ainsi que la monétisation de données personnelles de leurs utilisateurs qui assurent leur domination. Il n'est pas prématuré de dire que la crise du Covid, loin de remettre en cause cette hégémonie, l'a encore confortée. Le chiffre d'affaires d'Amazon s'est élevé à 320 milliards de dollars en 2020, soit un bond de 38 % par rapport à l'exercice précédent. Quant au résultat opérationnel de la firme, il est passé de 14,5 milliards de dollars en 2019 à 22,9 milliards en 2020[28]. Apple, quant à elle, affiche une trésorerie de l'ordre de 200 milliards de dollars, soit l'équivalent du PIB d'un pays comme l'Égypte[29]. De telles entreprises n'ont pas prospéré seulement d'elles-mêmes. Elles ont profité d'un écosystème complet : à leur origine se trouve l'abondance d'investissements de capital-risque[30] pour financer leur hypercroissance ; durant leur phase d'internationalisation, elles ont pu exploiter la concurrence fiscale entre États et mettre à profit le dumping[31] de certains pays accueillants comme l'Irlande ou le Luxembourg ; en phase de maturité, leur situation de quasi-monopole leur assure pour longtemps une domination forte dans leur secteur d'activité. Bien sûr ce mode de production est largement associé à la puissance américaine. Les plus grandes entreprises de plateforme ont été créées au sein de la Silicon Valley, dans un premier temps avec l'appui de Wall Street puis du capital-risque californien, largement abondé par les premiers succès entrepreneuriaux nés de cet écosystème, comme Adobe Systems ou Microsoft.

Mais ce mode de production n'est pas seul en piste. Il est concurrencé par un mode de production dans lequel l'État opère son grand retour. On le pensait caduc depuis les années 1990, mais il revient en force depuis 2008, à la suite de la crise financière qui a rouvert la voie à l'intervention étatique directe dans l'économie. Il s'agit d'un capitalisme concentré sur quelques secteurs stratégiques et largement piloté par l'État. Ce mode de production sort également consolidé de la pandémie de Covid qui a marqué le second acte du grand retour de la puissance publique après la crise de 2008, revalorisant la fonction de l'État à la fois comme garant de la sécurité et de la santé des citoyens mais aussi comme « assureur » en dernier ressort de l'économie. Les plans de soutien au tissu productif annoncés en 2020, auxquels ont succédé les plans de relance dévoilés en 2021 – à commencer par celui de l'administration Biden d'un montant titanesque de 1 900 milliards de dollars – donnent littéralement le vertige. Mais au fond, cette crise n'a fait que révéler quelque chose que nous avions oublié : l'État ne s'est jamais totalement désengagé de la gestion de l'économie. Plusieurs filières dépendent largement de lui. Nous citerons ainsi les télécommunications, les transports ou encore les services en matière d'eau et d'environnement, également l'armement, le nucléaire, l'aéronautique et l'exploration spatiale. Ces industries, qui se sont développées au cours des « Trente Glorieuses », sont en constante mutation technologique et continuent d'offrir des dizaines de millions d'emplois de qualité dans les pays industrialisés. Plusieurs d'entre elles ont été ébranlées par la crise du Covid, à commencer par les secteurs de l'aéronautique et de l'automobile, mais elles sont trop importantes pour que les États les abandonnent.

Les États-Unis et la Chine présentent, chacun à leur manière, une combinaison particulière des deux modes de production puisque ces deux puissances s'appuient à la fois sur des plateformes numériques d'envergure globale, Gafam (Google, Amazon, Facebook, Apple et Microsoft) d'un côté, BATX (Baidu, Alibaba, Tencent et Xiaomi) de l'autre, mais aussi sur des industries traditionnelles puissantes et largement soutenues par l'État. La France et l'Europe semblent en revanche dénuées de mode de production autonome. N'importe quel consommateur européen observant son relevé bancaire constatera qu'il donne toute la journée de l'argent à des plateformes américaines. Je me suis prêté à l'exercice en analysant mes prélèvements bancaires au moment de l'écriture de ce livre, durant un confinement qui a imposé la fermeture de tous les commerces de proximité jugés « non essentiels ». À l'exception de mon loyer et de mes impôts, presque toutes mes dépenses partent vers ces plateformes outre-Atlantique : Netflix pour le cinéma quand les salles sont fermées, Amazon quand les librairies sont closes, Uber pour se déplacer en ville, et, aussitôt que nous avons été libres de circuler à nouveau, Airbnb pour un week-end à Saint-Malo. Ces plateformes américaines ont littéralement colonisé notre vie quotidienne et siphonnent nos comptes en banque. De la même manière, la politique agressive des « nouvelles routes de la soie », titanesque projet visant à établir les infrastructures d'un ensemble de liaisons maritimes et ferroviaires s'étendant à travers toute l'Eurasie pour relier l'Extrême-Orient à l'Europe, conduit la Chine à faire main basse sur des infrastructures vitales en Europe. Celle-ci a ainsi acquis une partie du capital de l'historique port du Pirée, à Athènes, mais aussi de nombreuses infrastructures portuaires ou aéroportuaires dans les Balkans. L'économie américaine vise directement les consommateurs européens là où l'économie chinoise prend pour cible les centres névralgiques d'échanges commerciaux et de transit de marchandises du Vieux Continent. Le risque d'une perte totale d'autonomie stratégique est grand. Face à ce péril, il est urgent de faire émerger un mode de production autonome pour la France et pour l'Europe.

Et cela tombe bien : nous sortons peu à peu de l'économie industrielle de l'après-guerre qui reposait sur la consommation de masse et tenait essentiellement dans l'achat de biens divers pour occuper l'espace intérieur du foyer (le quadriptyque « salon-cuisine-garage-jardin »). La publicité était un ressort essentiel de cette économie. Peintre de son temps, David Hockney illustre bien, dans ses tableaux, cette sorte de compétition entre voisins, au sein des banlieues pavillonnaires, pour savoir qui possèderait le premier un système d'arrosage automatique ou un robot de piscine. Depuis 1945, la part des dépenses alimentaires des ménages a régulièrement reculé au profit de tels produits manufacturés. En France, pour les seules années 1945-1975, elle est par exemple passée de 40 à 25 %, pour tomber à 13 % en 2014[32]. Mais depuis les années 1990, on constate que la part des biens manufacturés dans le total des dépenses s'est à son tour effondrée au profit de celles liées à des services comme le logement, la santé ou l'éducation. Par exemple, entre 1960 et 2014, la part du budget consacrée aux vêtements et aux chaussures recule de 5 points alors que les dépenses relatives au logement augmentent d'autant[33]. Comment expliquer cette montée en puissance des dépenses de services dans le budget des ménages ? Par une évolution de l'offre aussi bien que de la demande. Du côté de l'offre, la métropolisation et la spéculation immobilière tirent les prix du logement en zone tendue vers le haut tandis que la forte augmentation de la composante technique dans les soins de santé explique en partie l'augmentation des coûts de celle-ci. Mais cette hausse des prix s'explique aussi par l'évolution de la demande et donc des désirs des consommateurs. La préoccupation pour le bien-être, c'est-à-dire le fait d'être en bonne santé, de vivre dans un cadre agréable, dans un logement de qualité, d'avoir une bonne éducation et formation, est en train de devenir plus importante pour les ménages que l'accumulation à l'infini d'objets. Une véritable révolution est ainsi à l'œuvre, où le bien-être de l'individu prend le pas sur la consommation d'objets, où vie psychobiologique et vie économique ne font plus qu'un. Nous entrons peu à peu dans une économie des usages et des expériences en lieu et place d'une économie de l'équipement matériel stricto sensu. Celle du bien-être est en train de remplacer l'économie de la consommation de masse. Nous tenons peut-être là le mode de production qui propulsera le nouveau modèle français. L'économie du bien-être se distingue en effet aussi bien du capitalisme de plateforme que du capitalisme d'impulsion étatique par deux aspects essentiels : elle est une économie des usages plutôt que de la propriété et elle est profondément enracinée dans des territoires et des écosystèmes singuliers.

Dans ce nouveau mode de production, la marchandise n'est plus le centre de l'économie ; elle devient le prétexte à une « expérience » plus large. Ainsi l'entreprise Michelin ne commercialise plus seulement ses pneus, mais se targue d'offrir au client un service complet de mobilité : 10 000 km de « service-pneu », avec un service après-vente et un accompagnement sur mesure, assuré notamment par une application numérique. Ce n'est plus la propriété matérielle du pneu qui prime mais l'expérience de la mobilité permise par celui-ci. Le pneu devient le support, sinon le prétexte, d'une expérience. Cet exemple peut paraître trivial, il est pourtant révélateur d'une mutation profonde dans les pratiques de consommation. Au printemps 2019, on a vu fleurir dans les rues de Paris des vélos en libre-service, *free floating* selon l'expression consacrée aux États-Unis. L'engouement pour ceux-ci témoigne des progrès de la culture de l'usage au détriment de la possession des choses, en particulier au sein de la jeune génération. À la propriété et aux nombreuses contraintes qui en sont le corollaire, les consommateurs préfèrent désormais la flexibilité et la liberté des biens partagés. Pas de doute : si Perec avait écrit en 2021 le grand poème de la société naissante, il l'aurait intitulé *Les Usages* plutôt que *Les Choses*.

Les secteurs phares

L'économie du bien-être est un terme générique qui englobe de nouvelles façons de produire et de consommer. Le nouveau modèle français s'appuiera sur ces tendances émergentes, plus responsables, et portera une attention particulière à trois secteurs clés : l'agriculture, la santé et l'éducation.

L'agriculture

La France est historiquement une puissance agricole. Elle doit cependant s'adapter et mettre dès aujourd'hui en œuvre les principes d'une agriculture durable. Celle-ci sera nécessairement à la fois régénérative – par l'entretien et la restauration de sols de plus en plus dégradés par l'exploitation intensive et les engrais chimiques –, mais aussi productive – il faudra nourrir une population de plus en plus nombreuse et assurer notre souveraineté alimentaire dans un contexte de tensions géopolitiques fortes. De plus, cette agriculture nouvelle devra s'imposer comme la pierre angulaire du contrat social. En effet, les agriculteurs ont la responsabilité de la gestion et de la conservation des ressources naturelles et des écosystèmes que nous habitons. Pendant des siècles, parcelle après parcelle, le paysage français a été profondément transformé par l'action de ces millions de bras qui se sont succédé. Il suffit d'observer des photographies aériennes de la France de 1950[34], juste avant le grand basculement, pour réaliser combien la paysannerie a modelé ce pays. Tant sur le plan du paysage que de l'imaginaire – comme en témoigne le succès d'audience rencontré par le documentaire *Nous paysans*, diffusé sur France 2, le 23 février 2021, avec plus de 5 millions de téléspectateurs –, la France demeure un pays profondément agricole, un territoire où les hommes et les femmes prennent soin de la terre. Traverser les États-Unis en avion, c'est observer une succession de megapoles émaillées de gratte-ciels, cernées de vastes étendues sauvages. Traverser la France en train[35], le moyen de transport le plus adapté à notre territoire, c'est faire l'expérience d'un maillage dense de petites et moyennes villes enserrées dans des champs cultivés et des pâturages à perte de vue. L'historien Fernand Braudel faisait remarquer en 1986 que la part relative des terres cultivées et des terres « sauvages » en France avait peu varié au fil des siècles : 50 % chacune[36]. Certes, l'étalement urbain et l'habitat pavillonnaire ont empiété plus que de raison sur les terres agricoles ces trente dernières années. Mais la dominante du pays reste la ruralité à taille humaine et maîtrisée. Même les chaînes de montagnes sont façonnées par l'agriculture et l'élevage. Les Alpes ou les Pyrénées sont humanisées et largement consacrées à ces activités. En somme, le paysage français a été entièrement modelé par l'agriculture alors qu'il y a moins de 400 000 actifs qui travaillent encore directement dans ce secteur et qu'ils ne seront peut-être que 200 000 dans dix ans[37].

L'agriculture de demain consiste donc d'abord dans la reprise en main par les paysans des services écosystémiques qu'ils ont rendus pendant des siècles à l'environnement, avant que le rouleau compresseur de la Modernisation ne passe par là. Par exemple, la canalisation des torrents et l'entretien des sources dans les montagnes, que l'on rencontre encore dans les textes de Jean Giono[38], ont été presque abandonnés, tout comme l'entretien des bois et des fossés. Quant à la vie des précieux écosystèmes liés aux haies départageant les parcelles agricoles, ou aux forêts et bosquets qui clairsemaient le territoire agricole, elle a été largement compromise par le remembrement. L'agriculture de demain doit donc renouer avec la tradition antérieure à la Modernisation, mais avec le concours de la science, de la technologie et de l'innovation. Il s'agit de conjuguer le meilleur de chacun des mondes. C'est ainsi que s'élaborera une économie du bien-être française : un mode de production qui part des traditions et des richesses de notre pays, puis qui les valorise au moyen de la science et de la technologie les plus pointues. Le travail agricole se transforme peu à peu en maintenance, selon la jolie définition qu'en donne le philosophe Pierre Caye : un travail soucieux de la durabilité de l'objet sur lequel il s'imprime, en l'occurrence les sols, les pâturages et les forêts[39].

En dépit de certaines idées reçues, cette agriculture de haute qualité environnementale est parfaitement compatible avec des rendements élevés. Depuis plusieurs années, des fermes bio affichent des résultats spectaculaires en grande culture, en recourant à des procédés et des technologies alternatifs à l'agrochimie intensive. Un écosystème très dynamique de start-up se développe également dans les domaines de l'agritech ou des biotechnologies alimentaires. Une entreprise comme Ÿnsect, qui a levé près de 350 millions d'euros d'investissements en 2020, incarne pleinement cette conjugaison de la tradition et de l'innovation ; de la haute qualité environnementale et de la performance économique. En produisant des larves de scarabées riches en protéines pour nourrir les animaux d'élevage (bétail ou poissons), elle permet de diminuer la dépendance des éleveurs au soja sud-américain, dont la culture intensive est une des causes de la déforestation de l'Amazonie. Dans le même temps, forte du dépôt de 30 brevets, elle a créé des innovations de produits et de procédés exceptionnelles qui sont fortement génératrices de valeur. Elle s'apprête également à implanter la plus grande ferme verticale du monde au cœur de la Somme avec, à la clé, 500 emplois bien rémunérés, dans un territoire laminé par la désindustrialisation. C'est l'une des entreprises les plus impressionnantes du Next40, qui regroupe les fleurons technologiques ayant vocation à constituer le futur Cac40. Dans un pays aussi profondément marqué par l'agriculture que la France, un basculement plus large vers l'économie du bien-être d'une partie de notre tissu productif prendrait tout son sens.

Autre exemple : les haies, les bois et les forêts, les zones humides, les surfaces mellifères présentent une capacité de séquestration naturelle du carbone ; en les réhabilitant, les préservant et les entretenant, le monde paysan joue un rôle majeur dans la sauvegarde de la biodiversité et la diminution des émissions de gaz à effet de serre. L'installation de panneaux solaires au milieu des exploitations agricoles, que l'on appelle « agrivoltaïsme », est aussi représentative de cette combinaison de la productivité avec la durabilité. En rendant des services écosystémiques, qui doivent être rémunérés à leur juste valeur économique, écologique et sociale, les agriculteurs se comportent comme les gardiens de la Terre. C'est pourquoi l'*agribashing* pratiqué par des « écologistes de salon », souvent métropolitains, est une ineptie. Il contribue à éloigner de la profession les jeunes générations, souvent découragées par les nombreuses difficultés inhérentes au métier qui exige un engagement constant. Dans dix ans, un agriculteur sur deux sera à la retraite et la question de la transmission est pour l'heure problématique. Beaucoup d'exploitations ferment faute de repreneurs. Il est urgent d'inventer d'autres modèles pour attirer de nouveaux profils. Les agriculteurs préfèrent le plus souvent être propriétaires de leur exploitation. Cette situation est génératrice de coûts fixes élevés et pousse les aspirants à l'endettement. On pourrait imaginer des modèles alternatifs. Par exemple, des groupements fonciers pourraient acquérir les terres et en confier la gérance à de jeunes agriculteurs qui seraient ainsi libérés des servitudes liées à la propriété. Ces derniers se concentreraient sur l'*usus* et le *fructus*, c'est-à-dire l'entretien des sols et la production agricole, laissant à la foncière le privilège de l'*abusus*, autrement dit à tout ce qui touche à la transmission et à la valorisation des terres.

La santé

L'agriculteur n'est pas seulement le gardien de nos écosystèmes, il est aussi partie prenante dans la bonne santé de la population, un garant de notre qualité de vie et de notre bonne alimentation. De l'agriculture à la santé, il n'y a qu'un pas ; ces secteurs clés de l'économie du bien-être sont intimement liés par l'impact direct qu'ils ont sur l'individu. De fait, notre vision de la médecine et des soins a évolué vers une plus grande prévention et une prise en compte globale des conditions de vie ; environnement, alimentation, médecine doivent désormais être pensés ensemble.

La santé de demain ne peut être réduite à la seule relation de soin entre un médecin et son patient. Elle donne une plus grande place à ce que l'on appelle la « santé environnementale », c'est-à-dire l'amélioration de la qualité de notre environnement pour prévenir l'apparition de maladies. En protégeant les écosystèmes et l'ensemble du vivant, nous nous protégeons nous-mêmes. Pour transformer l'interdépendance en solidarité effective, il faut développer un secteur de la « pleine santé »[40] prenant en compte tous les maillons de la chaîne, de la prévention au traitement, de l'entretien des écosystèmes à l'industrie pharmaceutique. En cela, ma santé dépend de mon environnement : qualité de l'air que je respire et des aliments que je consomme, conditions de travail, salubrité du logement que j'habite... En outre, le parcours de soin suppose l'intervention de très nombreux acteurs qui doivent apprendre à travailler en symbiose : offices de surveillance écologique, médecine de ville, hôpital, industrie pharmaceutique, recherche médicale, formation ou encore acteurs de l'alimentation.

Contrairement à une idée reçue, l'économie du bien-être n'est pas exclusivement immatérielle – elle ne se réduit pas à un bouquet de « services à la personne ». La part industrielle – et même « hyper-industrielle »[41] – de la santé est par exemple de plus en plus importante avec la sophistication croissante des équipements et des outils médicaux. Les progrès de la recherche scientifique et de la qualité des soins impliquent aujourd'hui de se doter d'outils performants comme les IRM, les systèmes d'imagerie assistée par l'intelligence artificielle, les robots sophistiqués qui accompagnent, guident, voire se substituent en partie au chirurgien. Bref, techniques et technologies avancées, directement liées aux innovations et à la production industrielle, font désormais partie intégrante du domaine médical. Pourtant, ce tissu industriel particulier est encore faible en France, en comparaison de l'Allemagne et ses 200 000 employés dans les *medtech* ou encore du Danemark, particulièrement performant dans certains secteurs de la santé, avec le groupe Oticon, empire industriel dans le domaine des prothèses auditives, ou le groupe Novo Nordisk, premier producteur mondial d'insuline. Malgré ce retard, les industries de santé sont parmi les plus créatrices d'emplois dans notre pays. De la même manière, le recours généralisé aux banques de données et à l'intelligence artificielle marque une évolution majeure dans notre système de soins, qui entre dans l'ère du numérique. La généralisation du dossier médical partagé permet ainsi de centraliser sur un même espace numérique, et dans un cadre juridique sécurisé, l'ensemble des données relatives à un patient. Des algorithmes de plus en plus performants amélioreront demain les diagnostics et, loin de supprimer des postes de soignants, permettront à ceux-ci de se concentrer sur leur cœur de métier : la relation de soin, l'interaction et l'empathie avec le patient et sa famille. On identifie dans tout bon écosystème de soin trois couches sédimentées : une couche de service (la relation soignant-patient), une couche de produit (l'équipement et l'appareillage) et une couche de datas. La pleine santé d'une population a un effet positif sur l'inventivité et la créativité de chacun, elle favorise ce que les économistes appellent, un peu froidement, le « capital humain ».

L'évidence de notre volonté de vivre en bonne santé prend donc une autre dimension. Économique d'une part : avec une population vieillissante et une sophistication croissante du matériel médical, les dépenses de soin ne cessent d'augmenter et de peser dans la richesse nationale. Elles représentent aujourd'hui 11 % du PIB français. Mais aussi culturelle : cette hausse traduit un changement qui ne se réduit pas à la force d'inertie du vieillissement ou du progrès technologique. Vivre en bonne santé est désormais plus important qu'accumuler des biens matériels en abondance.

La politique industrielle de l'économie du bien-être ne pourra pas porter sur des filières entières, de manière globale, comme à l'époque de Jean Monnet (charbon, acier, automobile...), mais devra s'adapter à chaque bassin de vie et d'emploi, dans une logique d'écosystème territorial. Une stratégie d'industrialisation de la filière santé exigera d'identifier les segments dans lesquels la France peut accentuer un avantage compétitif, par exemple dans les domaines de certaines prothèses médicales, des outils de diagnostic assistés par l'intelligence artificielle ou de la bioproduction[42] de médicaments. Elle devra aussi s'accompagner d'un vaste projet de construction de pôles de performance territoriaux, où les centres hospitalo-universitaires entretiennent des liens féconds avec les cliniques privées, la médecine de ville, les centres médico-sociaux, les universités ou encore les pépinières d'entreprises innovantes. L'IUCT Oncopole de Toulouse ou le Génopole d'Évry-Courcouronnes, spécialisé dans les biotechnologies, constituent des exemples pionniers dont il faut s'inspirer. Enfin, la reconquête industrielle ne sera pas possible sans mobiliser les compétences anciennes existant dans les territoires, par ailleurs souvent menacées de disparition. La société Thuasne, à Saint-Étienne, illustre bien cet effort nécessaire de reconversion : elle est passée de la fabrication textile à celle de dispositifs médicaux tels que les bas de contention et les ceintures lombaires. De même à Thiers, dans le Puy-de-Dôme, plusieurs entreprises de coutellerie traditionnelle menacées par la concurrence asiatique se sont reconverties dans la fabrication d'instruments de chirurgie de pointe. La sauvegarde, le développement et la transmission des savoir-faire dans les territoires sont un enjeu essentiel. Dans chaque bassin de vie, une « école de production » devra proposer des formations aux métiers qualifiés les plus demandés par l'industrie locale de santé.

L'éducation et la formation

Formation des agriculteurs aux techniques innovantes de production responsable et durable, développement des liens de transmission et d'échanges entre l'enseignement universitaire, les centres de soins et les savoir-faire locaux… On l'a vu apparaître en filigrane : l'éducation est le troisième secteur clé de l'économie du bien-être. Elle est essentielle au nouveau modèle français à la fois pour son poids économique et parce qu'elle est le lieu par excellence de formation du citoyen, là où peut se formuler et se diffuser un nouveau projet de société.

La relation primordiale restera toujours celle du maître à l'élève – la fameuse *paideia* socratique était déjà comparée à une médecine de l'âme par Platon. Mais l'éducation suppose aussi des équipements et du matériel : les élèves travaillent avec des manuels scolaires et, de plus en plus, leurs pendants numériques (manuels dématérialisés et enrichis, espaces numériques pédagogiques partagés, logiciels d'apprentissage...). L'éducation nationale gagnerait à s'appuyer davantage sur l'exploitation des données d'utilisation de ces plateformes, appelées « traces d'apprentissage » (*learning analytics*), non pas à des fins commerciales mais au service de l'intérêt général, par exemple pour détecter précocement les décrocheurs et ainsi leur proposer une prise en charge individualisée et adaptée. Cela suppose bien sûr que les académies et les établissements scolaires promeuvent un usage raisonné du numérique en leur sein, non pas en distribuant des centaines de milliers de tablettes tactiles, mais en mobilisant le meilleur des sciences cognitives et de l'informatique au service des élèves. Il existe en France une filière du numérique éducatif – EdTech – extrêmement dynamique. Elle regroupe de jeunes pousses comme des entreprises installées et se montre force de proposition dans l'amélioration de l'enseignement scolaire et supérieur ainsi que dans la formation professionnelle à travers des ressources numériques, des solutions technologiques (plateformes, applications...), des parcours de formation digitalisés, etc. Des leaders mondiaux pourraient demain émerger de cette filière d'excellence française. À condition de s'en donner les moyens. De même que la santé, l'éducation doit être pensée en termes d'écosystème territorial. Autour de l'élève, il existe une communauté éducative rassemblant aussi bien les enseignants, l'administration, les parents, les associations culturelles et sportives, la recherche scientifique, les éditeurs scolaires ou encore les start-up de la EdTech. Les secteurs de l'économie du bien-être nécessitent ainsi, pour être productifs, de véritables coalitions d'acteurs publics et privés.

Le retour de l'État investisseur

La France dispose d'immenses atouts dans les secteurs phares de l'économie du bien-être que sont l'agriculture et l'agroalimentaire, la santé ou l'éducation. Ces secteurs sont tirés par une dépense publique importante et les professionnels qui y travaillent sont en général bien formés. Là où le bât blesse, c'est dans le cloisonnement, voire la méfiance réciproque, entre les différents acteurs de ces écosystèmes. La médecine hospitalière est par exemple trop réticente à travailler en synergie avec celle de ville, et il en est de même pour les établissements scolaires et universités envers les acteurs français de la EdTech. Une certaine culture « anti-privé », en vogue dans le secteur public, freine les coalitions vertueuses public-privé qui permettraient de faire émerger un tissu industriel compétitif et innovant. De plus, le démantèlement depuis les années 1980 de certains géants industriels dans ces secteurs, comme la Compagnie générale de radiologie cédée par Thomson à General Electric en 1987, nous prive d'un avantage compétitif pour l'avenir. Enfin, les approches comptables et bureaucratiques à courte vue se sont généralisées de l'hôpital public à l'enseignement supérieur et la rémunération médiocre des agents publics, qu'il s'agisse des personnels soignants ou des enseignants, grève l'attractivité de ces emplois.

Pour que l'économie du bien-être devienne le moteur du nouveau modèle français, un changement de mentalité doit s'opérer. Il faut décloisonner secteurs public et privé, mais aussi industries, services et datas. En parallèle, la puissance publique doit investir massivement. Il ne s'agit pas simplement de corriger des « défaillances de marché », comme on l'a trop souvent cru, mais de propulser des acteurs et de leur ouvrir au forceps des marchés naissants, voire à créer. Ce qui a été réussi durant les « Trente Glorieuses » en matière d'innovations militaires, nucléaires ou aéronautiques doit être reproduit dans les secteurs de l'économie du bien-être et de la réindustrialisation verte. En contexte d'incertitude économique forte, l'investissement public représente un levier d'action[43]. Certains «grands projets», au carrefour des grandes transitions (écologique, démographique, numérique...), ne pourront par exemple voir le jour que s'ils sont garantis financièrement par la puissance publique, faute de quoi la finance privée ne s'engagera pas. La mise en œuvre de programmes de recherche et de développement dans le domaine du stockage de l'énergie intermittente (solaire et éolienne), de la fusion nucléaire, de la robotique médicale ou de l'alimentation décarbonée nécessite beaucoup de capitaux – et, qui plus est, des capitaux patients et qui acceptent la part de risque inhérente à l'investissement. Or la finance privée répond rarement à ces deux conditions. Soit, dans le cas du capital-risque, les capitaux sont ouverts au risque mais ils exigent des rendements rapides, qui se traduisent par de généreuses plus-values lors de levées ultérieures ou d'introductions en bourse. Soit, dans le cas des capitaux provenant des assurances-vie ou de l'épargne réglementée, les investisseurs sont patients, mais recherchent des placements sûrs. La combinaison d'un niveau élevé de risque inhérent à toute innovation de rupture et d'un horizon de long terme n'est possible que si la puissance publique apporte sa garantie ou qu'elle contribue directement à l'investissement, par le biais d'agences gouvernementales ou d'un fonds souverain. C'est une fable de penser que le succès de l'entreprise américaine Tesla, qui fabrique des véhicules électriques haut de gamme, n'est dû qu'au génie solitaire de son fondateur, Elon Musk. La réalité est beaucoup plus complexe. Tesla a bénéficié d'un prêt du département américain de l'énergie de l'ordre de 465 millions de dollars pour amorcer ses premiers investissements significatifs[44] tandis que SpaceX, son entreprise de lancement de satellites, s'est vue octroyer par la Nasa 1,6 milliard de dollars pour réaliser 12 vols vers la station spatiale internationale, alors qu'elle n'avait réussi qu'un seul lancement auparavant. Les pouvoirs publics, à travers les agences gouvernementales et les fonds souverains, ont un très grand rôle à jouer dans la structuration et l'orientation de marchés de l'économie du bien-être – et pas seulement en matière de réglementation, posture dans laquelle s'enferme trop souvent l'État en France. Il ne doit plus avoir peur d'assumer une posture de banquier, d'investisseur, voire de capital-risqueur. La création d'agences d'innovation, capables de garantir, voire de financer à fonds perdus, des projets ambitieux dans des domaines aussi divers que les énergies renouvelables ou la santé, devrait être une priorité absolue. Des pays aussi dissemblables que la Chine, le Danemark, la Corée du Sud, l'Allemagne et bien sûr les États-Unis se sont donné les moyens de construire une telle stratégie. Par ailleurs, des organismes publics de recherche et développement devront être créés pour stimuler l'innovation de rupture sur le modèle du Commisariat à l'énergie atomique (CEA), de l'Institut national de la recherche agronomique (Inrae) ou de l'Institut national de recherche en informatique et en automatique (Inria), conçus à l'époque de la Modernisation. Les ministères eux-mêmes ne s'engagent pas suffisamment dans une logique d'industrialisation. Il existe bien la Direction générale de l'armement (DGA) au ministère de la Défense, qui a beaucoup fait pour stimuler l'écosystème industriel et technologique en matière de défense, ainsi que la Direction générale de l'aviation civile (DGAC) au ministère des Transports, mais ce sont là des cas isolés. Il n'y a pas d'équivalent dans les ministères de l'Agriculture, du Logement, de la Santé ou encore de l'Éducation.

Bpifrance, la Banque publique d'investissement, en tant que fonds souverain, a un rôle d'orientation majeur à jouer dans une meilleure allocation de l'épargne des Français. Ceux-ci ont, depuis le XIXe siècle, une fâcheuse tendance à préférer effectuer des placements dans l'immobilier ou les économies étrangères ; il est temps d'organiser une plus grande mobilisation de l'épargne nationale pour financer le développement de l'économie de demain et les innovations de rupture qu'elle suppose. L'ouverture d'un emprunt national destiné à ces investissements permettrait par exemple de drainer une partie de l'épargne des Français vers les technologies énergétiques les plus sophistiquées, comme le stockage de l'énergie intermittente, le développement de l'hydrogène ou encore les petits réacteurs nucléaires de 300 mégawatts. La France doit devenir un pays où il est possible de lever plusieurs milliards d'euros pour créer une technologie de rupture, sur le modèle de l'entreprise suédoise Northvolt, qui a pu s'imposer comme un acteur important de la production de batteries pour véhicules électriques en levant près de 17 milliards d'euros de capitaux.

L'État doit également prendre sa part dans le financement de la recherche publique. Celui-ci est passé de 1,3 % du PIB en 1995 à 0,8 % en 2018, un chiffre très préoccupant. La France ne consacre que 2,2 % de son PIB à la recherche publique et privée alors que le seuil de 3 % est atteint par l'Allemagne et les États-Unis et que la Corée du Sud, qui a su s'imposer comme une puissance technologique et industrielle, lui consacre 4,5 % de son PIB. Atteindre ces 3 % n'est pas impossible pour la France ; cela représente un effort financier de 20 milliards d'euros par an. À titre de comparaison, le crédit impôt recherche (CIR), dont l'efficacité est discutée par les économistes, coûte 7 milliards d'euros par an à la collectivité.

Une économie à forte dimension écologique et sociale

Les secteurs de l'économie du bien-être ne présentent que des avantages pour l'émergence d'une économie à forte dimension écologique. Ils sont non délocalisables et bien répartis sur le territoire ; ils mêlent industrie et service et mobilisent des coalitions d'acteurs différents et complémentaires ; ils convoquent la technologie au service du bien commun au lieu de la consacrer strictement aux profits privés des grandes plateformes ; ils favorisent l'expérience et l'usage collaboratif du monde plutôt que la possession individuelle des choses. C'est un véritable modèle français et européen de reconstruction écologique de l'économie qui se dessine ici.

Au contraire des États-Unis ou de la Chine, la France n'est pas assez grande pour être de tous les combats dans ce nouveau mode de production. Il faut donc imaginer un partage des tâches entre le niveau national et le continental européen. Par exemple, les besoins de financement pour la décarbonation de l'économie européenne sont estimés à 28 000 milliards d'euros sur trente ans[45], dont l'essentiel – 23 000 milliards d'euros – consisterait dans des réallocations au sein de filières et d'entreprises. Le volume net d'investissements restants – 5 000 milliards d'euros sur trente ans, soit 166 milliards d'euros par an – serait dévolu au développement des nouvelles filières. Le montant est impressionnant mais il est largement atteignable, si l'on garde à l'esprit qu'il s'agit de l'équivalent du budget annuel de l'Union européenne, souvent moqué au regard du PIB total de l'Union européenne – moins de 1 %. Atteindre la neutralité carbone en 2050 en Europe nécessite un investissement annuel supplémentaire de l'ordre de 1 % du PIB européen…

Avec l'hyperconcurrence internationale, l'économie est redevenue, après les « Trente Glorieuses », un facteur de division là où elle avait réussi le pari, grâce à la Modernisation, de rassembler. Si la mondialisation a permis une baisse de l'inégalité entre nations, elle a, a contrario, augmenté les inégalités et les dissensions à l'intérieur des pays industrialisés. Conjuguée au changement technologique, elle a provoqué une forte polarisation du marché du travail et de la société, qui s'est accrue avec le temps : la métropolisation, la segmentation selon le niveau de diplôme, la dévalorisation des métiers de la « main » et du « cœur » ont accentué le sentiment qu'il existe des fossés infranchissables entre plusieurs France. Les secousses économiques récentes ont aggravé cette fragmentation. Après la crise financière de 2009, la France s'est ainsi partagée en deux : d'un côté, les principales aires métropolitaines ont continué de créer des emplois à marche forcée ; de l'autre, le reste du pays a perdu beaucoup plus d'emplois qu'il n'en a créés. Le décalage est d'autant plus marqué que les emplois créés l'ont été dans quelques secteurs à fort développement : nouvelles technologies, ingénierie, études techniques, conseil aux entreprises. Le fait que les inégalités sociales n'aient pas augmenté aussi vite en France qu'ailleurs ne change pas grand-chose à l'affaire. Dans des sanctuaires du néolibéralisme comme le Royaume-Uni ou les États-Unis, elles ont explosé faute de filets de sécurité ou parce qu'on démantelait ceux-ci en plein milieu de la crise, comme ce fut le cas dans l'Angleterre de David Cameron. En France, la préférence collective pour la redistribution sociale nous en a préservés. Entre 2007 et 2017, le coefficient de Gini, qui mesure l'inégalité, est resté à peu près stable, autour de 0,29 après redistribution. Mais avant redistribution, c'est-à-dire au moment de la distribution primaire des revenus, il est de 0,37, ce qui signifie qu'il existe de fortes inégalités de distribution des revenus avant impôts et charges. La redistribution réduit donc l'inégalité générale de l'ordre d'un tiers. Mais cette redistribution n'est qu'un pansement sur une plaie ouverte si elle ne s'accompagne pas d'un mode de développement propre à créer des emplois de qualité, seul moyen de reconquérir leur estime de soi pour des millions de travailleurs broyés par la désindustrialisation et les grandes mutations économiques nées de la mondialisation.

L'économie du bien-être doit avoir pour principe directeur la création d'emplois stables à forte valeur ajoutée, de nature à combler le fossé entre la France des Autonomes, des Entre-Deux et des Autochtones ; il s'agit d'une économie de réconciliation nationale. De Gaulle portait foi en la Modernisation parce qu'il avait compris qu'elle seule aurait, dans la nouvelle donne mondiale, le pouvoir de cicatriser les plaies encore sanglantes de l'Occupation et de la collaboration et d'éloigner le spectre de la guerre civile. L'économie du bien-être suppose elle aussi que les îlots de l'archipel français soient à nouveau reliés par des ponts – que les Autonomes, les Autochtones et les Entre-Deux se rapprochent les uns des autres et cessent de s'ignorer mutuellement. Pour ce faire, il faut sortir d'une logique de seule compensation des laissés-pour-compte afin de réorienter le système vers une logique d'émancipation de tous par le travail et les services collectifs.

La Sécurité sociale, inventée en 1945, reposait sur une logique d'assurance individuelle : on était indemnisé par la collectivité quand on tombait malade ou qu'on perdait son emploi. Les nouvelles garanties à inventer dans le cadre de l'économie du bien-être reposent au moins autant sur les services collectifs que sur la seule assurance individuelle : la puissance publique finance et oriente les infrastructures et les biens publics qui permettront de prendre en charge au mieux les grandes transformations, qu'elles soient écologiques, numériques, démographiques ou productives. Dans un tel système, le service public « à la française » est appelé à jouer un rôle majeur. Il ne faut pas le démanteler mais lui donner un nouveau souffle. Comment, par exemple, gérer au mieux le vieillissement de la population ? Pas seulement en ajoutant une ligne aux comptes de la Sécurité sociale, qui complèterait celles relatives à la maladie, aux accidents du travail, au chômage… mais aussi en organisant, avec l'appui de la collectivité, la prise en charge et l'accompagnement des personnes âgées dépendantes. Dans le quartier « Générations » de Saint-Apollinaire, petite commune de l'agglomération dijonnaise, les autorités locales ont organisé, notamment par un aménagement architectural spécifique, un lieu de vie intergénérationnel dans lequel toutes les générations se croisent et s'entraident[46]. On y trouve aussi bien des services collectifs à la petite enfance que pour les personnes âgées dépendantes. Saint-Apollinaire est un modèle de bien commun d'urbanisme mis au service de la collectivité et non de la seule efficacité de marché. Au cœur de la démarche, on trouve l'« esprit village », la conviction que le développement de liens forts entre tous les habitants renforcera la cohésion et le bien-être collectifs. La démarche de Saint-Apollinaire est une bonne illustration de ce pacte intergénérationnel qui doit être construit dans chaque bassin de vie pour faire face au mieux à la « révolution de la longévité »[47] avec laquelle notre pays va devoir composer dans les prochaines décennies. De 4,1 millions en 2020, les 75-84 ans seront 6,1 millions en 2030, soit une hausse vertigineuse de 2 millions de personnes en seulement dix ans[48]. Pour le département de la Creuse, cela signifie qu'en 2050, près d'un habitant sur deux aura plus de 65 ans. Cette révolution de la longévité ne doit pas être perçue comme une calamité mais, au contraire, comme une opportunité économique et sociale, à condition d'être anticipée. Ainsi, la silver économie constitue un secteur économique et professionnel particulièrement dynamique et représentera bientôt 15 % des recrutements, essentiellement dans des métiers du soin. Mais cette conjoncture ne sera favorable que si elle s'accompagne d'un effort de formation et de revalorisation considérable de ces métiers. Et la transition démographique ne touche pas que le secteur des soins. Sur le plan de l'urbanisme, il sera nécessaire de construire des milliers de résidences services séniors, d'inventer des cohabitations entre générations, des résidences intergénérationnelles ou des habitats inclusifs. Les besoins sont énormes, et les possibilités vastes, alors qu'il n'existe que 400 résidences de ce type sur l'ensemble du territoire français – une goutte d'eau dans l'océan des besoins. Nous avons là une formidable opportunité de redessiner la ville pour plus de cohésion sociale.

La revalorisation des savoir-faire

Lors d'une soirée organisée chez lui, un ami haut fonctionnaire s'enorgueillissait devant des convives ébahis de ne jamais avoir retiré le film plastique qui protégeait son four lorsqu'il lui fut livré, alors qu'il habitait cet appartement depuis cinq ans. C'est le résultat d'une culture de survalorisation des compétences cognitives au détriment d'autres savoirs et savoir-faire. Dans un monde de plus en plus interconnecté, mais déconnecté de la réalité tangible, il est primordial de revaloriser la maîtrise technique et de retrouver le contact des choses – la réalisation de soi dans la transformation de la matière. Dans une société où l'on réfléchit davantage sur les achats que l'on fait, quelques connaissances sur la déforestation ou le réchauffement climatique devraient me dissuader d'acheter un avocat en provenance du Guatemala au prix de 1,80 €. Quelques connaissances en électronique me permettraient de réparer un appareil électroménager, plutôt que d'avoir à le changer au bout de deux ans. Il ne s'agit pas de devenir un touche-à-tout aux connaissances encyclopédiques, mais de réduire notre aliénation vis-à-vis des objets qui peuplent notre quotidien. Et, plus modestement encore, il s'agit de pouvoir porter un regard plus éclairé sur la diversité des savoir-faire à l'œuvre dans une société, ne serait-ce que pour se mettre en situation de comprendre l'expérience quotidienne d'autrui. Comme l'écrit le philosophe Matthew Crawford dans son très bel *Éloge du carburateur*, réflexion sur le sens du travail et le rapport à l'objet et à l'artisanat : « L'artisan est fier de sa création et il la chérit, tandis que le consommateur met constamment au rebut des objets qui fonctionnent encore parfaitement dans sa quête fébrile du nouveau. »[49] L'indispensable triptyque « Lire-Écrire-Compter » doit être complété par un autre triptyque : « Fabriquer-Réparer-Cuisiner ».

Le mépris dans lequel nous tenons l'enseignement professionnel et l'apprentissage découle de cette dévalorisation des métiers manuels dans la société. Il est temps de mettre fin à ce système binaire opposant la tête et la main pour redonner une égale dignité aux filières professionnelles et technologiques, elles aussi voies d'excellence, surtout dans une France qui se réindustrialise, redécouvre des métiers, en invente de nouveaux liés aux transitions écologique, démographique ou numérique. La période qui vient de s'écouler, marquée par la désindustrialisation, n'a pas aidé à promouvoir la maîtrise technique. Lorsqu'une usine ferme, ce sont parfois des métiers séculaires qui disparaissent et le coût social et culturel de cette perte est irréparable – en plus des vies individuelles broyées. À cette grande richesse de savoir-faire, nous avons substitué des compétences abstraites et uniformes, indifféremment interchangeables les unes avec les autres ; finance d'entreprise, comptabilité, marketing, gestion de projet ou management sont devenus les nouveaux savoirs de référence. Je ne conteste pas leur utilité, mais je constate que pour l'essentiel, une personne observatrice, douée de sens pratique, pourra les acquérir par l'expérience.

La France doit redevenir une nation d'artisans, de techniciens, de paysans, d'ingénieurs, de créateurs, de jardiniers et d'architectes. Elle n'est pas pour rien le pays des 300 variétés de fromage. Il suffit de s'y promener pour découvrir combien elle est riche et profondément innervée de nombreux savoir-faire agrologiques, artisanaux ou encore industriels. Ils forment son véritable patrimoine immatériel. L'exode rural et la mécanisation de l'agriculture ont renvoyé au rang de folklore une partie d'entre eux. L'organisation scientifique du travail industriel a porté un second coup très rude à leur diversité. Mais c'est l'économie de la connaissance et la dévalorisation complète des métiers du cœur et de la main qui leur a asséné la blessure la plus profonde. Une grande cause nationale de demain sera donc la redécouverte des métiers anciens ou l'invention de nouveaux, tous liés à l'économie du bien-être. La langue anglaise dispose d'un mot sans équivalent en Français pour désigner ces savoir-faire experts : *craftsmanship*. Il ne renvoie pas simplement à l'« artisanat » comme on le traduit souvent, mais à la compétence de celui ou celle qui est « à son affaire », liant de manière fondamentale dans chacun des gestes de son métier l'esprit, la main et le cœur ; et pour qui son travail fait sens car sa production est le reflet d'un investissement total. La qualité française dans les secteurs de l'économie du bien-être doit s'imposer comme une caractéristique intrinsèque de notre mode de production, à l'instar de la *Deutsche Qualität* qui a été le pivot de l'économie sociale de marché allemande, centrée sur l'industrie haut de gamme destinée à l'exportation. Au niveau individuel, l'acquisition de ces compétences permet en outre de gagner en maîtrise sur son environnement extérieur et son temps intime. « Être à son affaire », capable d'agir, de réparer et de créer, c'est renouer avec une relative autonomie.

Chapitre 3

Une nouvelle culture : société des usages et démocratie active

Moins de biens, plus de liens !

Des dizaines de milliers de photographies issues du réseau social Instagram, ainsi que d'autres plateformes, ont été analysées en 2019 dans le cadre du projet *The Good Life 2.0* afin de mettre en valeur l'évolution des pratiques et des usages des citoyens-consommateurs de la classe moyenne, quelle que soit leur génération[50]. Les résultats valident l'intuition de pratiques de consommation, mais aussi d'une vie quotidienne davantage centrées sur les usages collectifs et les expériences que sur l'accumulation matérielle. Quatre traits principaux se dégagent de ces images : les individus valorisent de plus en plus dans leur quotidien les expériences conviviales, notamment avec des proches (famille et amis) ; ils manifestent une aspiration à se soustraire à la dictature de l'immédiateté imposée par le capitalisme mondialisé au profit d'une vie qui s'offre du temps, dont ils maîtrisent mieux les rythmes ; ils aspirent à mieux équilibrer vie personnelle et vie professionnelle ; enfin, la vitesse de leurs déplacements prime moins et ils accordent plus d'importance au plaisir du voyage.

Plus de 80 % des utilisateurs interrogés considèrent ainsi qu'une vie familiale épanouie est un vecteur de succès essentiel, et que les amis comptent autant que la famille. Les relations intersubjectives prennent donc le pas sur la consommation de masse. L'étude met en évidence des milliers de photos donnant à voir des maisons animées par des jeux d'enfants, de grandes tablées joyeuses et conviviales, des barbecues. Cet appareil est certes hérité de l'époque de la Modernisation mais, loin de son statut de fétiche consumériste, il est devenu le prétexte d'une expérience collective et conviviale. Dans ce même mouvement, on constate une volonté de reconquérir les lieux de vie. Nombreuses sont les photographies qui montrent des jardins individuels ou même de petites plantes vertes ornant les balcons. Il ne s'agit pas seulement d'un retour de la nature en zone urbaine, mais d'une volonté de s'approprier les infrastructures, de les humaniser, alors que celles nées de la Modernisation étaient froides et fonctionnelles.

La montée en puissance du télétravail introduit un brouillage entre espace professionnel et privé sans que les individus souhaitent pour autant que leur vie professionnelle envahisse leur sphère intime. Pour les cadres de la nouvelle économie, qui appartiennent à la classe privilégiée des Autonomes, il est possible de travailler de n'importe où : de son domicile bien sûr, mais aussi depuis un café ou un tiers-lieu – cet endroit pensé pour n'être ni le domicile ni le lieu de travail, à l'image de ces espaces de *coworking* qui fleurissent depuis quelques années. Cependant, il n'existe pour l'heure que 1 800 lieux de ce type en France quand il en faudrait environ 15 000 pour répondre aux besoins de ces nouveaux télétravailleurs dans les petites villes, les villes moyennes et la ruralité, et ainsi offrir un maillage territorial de proximité[51].

Nouvelles pratiques, réappropriation de l'espace mais aussi manières de consommer inédites : les foyers regorgent toujours de produits manufacturés, mais ils sont moins gros ; ils perdent en volume ce qu'ils gagnent en design, ils sont plus adaptés, pensés pour de nouveaux usages et conformes aux modes de vie actuels. Les objets du quotidien seront demain connectés entre eux. Longtemps, l'Internet n'a été utilisé que pour mettre en relation des individus, comme avec le commerce en ligne ou les réseaux sociaux. De plus en plus, il servira aussi à relier, sur un mode cybernétique, des objets entre eux – on parle à ce propos d'Internet des objets. Au-delà du caractère superfétatoire de beaucoup de ces gadgets, l'Internet des objets présente au moins un trait positif, celui d'attester des progrès de la culture de l'usage. Demain, les objets feront système autour de l'individu ; ils devront lui rendre des services et contribuer à son bien-être, selon une logique de « système produit-service ».

Le désir de ralentissement d'une vie quotidienne effrénée se révèle à travers plusieurs tendances. Une image récurrente a intéressé les responsables de l'étude : le fait d'étendre son linge est très souvent mis en scène par les utilisateurs des réseaux sociaux comme le symbole d'un autre rapport au temps, plus lent, où l'on laisse les éléments naturels faire leur office plutôt que de confier cette tâche à un sèche-linge, emblème de la société de consommation. Ce nouveau rapport au temps s'exprime aussi dans la multiplication des images mettant en scène le sommeil, que ce soit sous la forme de grasses matinées ou de siestes récréatives pendant le week-end. Les menus plaisirs, simples et dénués de finalité autre qu'eux-mêmes, sont photographiés et publiés : caresser son chat, se reposer dans un hamac, se promener à la campagne ou au bord de la mer, admirer un coucher de soleil... Les expériences de partage sont aussi très souvent mises en valeur : apprendre à son enfant à marcher ou à faire de la bicyclette, participer à un sport en équipe, monter un meuble en famille, échanger autour d'un bon repas... Nous entrons dans une civilisation des expériences et des usages, où le bien-être est primordial. Le désir de réalignement du « corps » et de l'« esprit », d'une plus grande cohérence de vie, est très fort. En témoigne la vogue du yoga et de toutes ces activités qui associent pratique sportive et quête spirituelle. Ce mouvement de réappropriation et ce nouveau rapport au temps et aux choses s'expriment aussi dans la multiplication des jardins potagers, dans les terrains privés, dans un bac sur les rebords de fenêtres ou autour d'arbres sur les trottoirs de certaines municipalités. Bien que les volumes de fruits et légumes ou de simples herbes aromatiques produits soient anecdotiques par rapport aux besoins du ménage, cela témoigne d'une volonté de reprendre la main sur le cycle de vie des aliments, de la semaison à la conservation, d'où la multiplication des images montrant des aliments stockés dans des bocaux.

Les individus valorisent énormément les savoir-faire, y compris dans le cadre de leurs loisirs : jouer d'un instrument, aller à la pêche, faire de la plongée sous-marine, cuisiner et, bien sûr, réparer toutes sortes de choses. La notion de « faire soi-même » est devenue centrale. Il est à parier que l'essor des imprimantes 3D et la mode des *fablabs*, ces ateliers qui mettent à disposition de chacun des outils de fabrication d'objets assistée par ordinateur, renforceront encore dans les années à venir cette tendance au *Do It Yourself*. Les Français sont déjà les champions du bricolage, tendance qui s'est confirmée avec les confinements successifs[52]. Ici encore se manifeste un désir très puissant de se réapproprier la totalité du processus productif, de la conception au réemploi. On souhaite pouvoir réparer les objets de notre quotidien plutôt que les remplacer. L'obsolescence programmée ou l'impossibilité de pénétrer dans les entrailles d'un appareil électroménager ou informatique est devenue une source de frustration. On change moins souvent de chaussures, on possède moins de choses, mais on souhaite qu'elles « tiennent ». La solidité et la durabilité des objets de consommation sont devenues des critères essentiels, déterminants, comme la possibilité du réemploi, de la maintenance, de la réparation. L'économie du jetable laisse peu à peu la place à celle du réparable et du durable et l'économie circulaire prend le pas sur l'économie linéaire. Et si la fabrication peut être made in France, c'est encore mieux. Des objets vintage comme les ventilateurs à pales, les transistors et même les tourne-disques, font leur grand retour parce qu'ils sont les témoins d'une époque où les objets duraient plus longtemps, où les choses étaient aussi des œuvres et pas seulement des produits de consommation[53]. C'est ainsi que s'explique en partie le succès commercial des enceintes Devialet, formidable réussite entrepreneuriale française, malgré leur prix prohibitif. Elles conjuguent le vintage des objets durables du passé, le design et l'ergonomie propres aux usages contemporains et le made in France, avec des savoir-faire artisanaux et technologiques locaux.

Il faut prendre au sérieux ces signaux faibles. Ce ne sont pas que de nouvelles pratiques de consommation, dont l'analyse est utile aux seuls publicitaires ; en creux, ils donnent à voir de nouvelles aspirations et de nouveaux comportements au sein de la société. Ceux-ci valorisent tous *l'usage* plutôt que la *propriété* ; *l'être* plutôt que *l'avoir* ; *l'empathie* plutôt que *l'égoïsme* ; *l'entraide* plutôt que le *chacun-pour-soi* ; la *coopération* plutôt que la *compétition.* En cela, ils peuvent être le point de départ d'une refondation républicaine. Parmi les principes mêmes de la République, on trouve en effet l'affirmation des valeurs d'entraide et de coopération en vue du bien public, au-delà des simples relations marchandes et d'intérêt personnel.

Le jardin, modèle du ressourcement républicain

Pour engager ce renouveau républicain, chaque citoyen, en tant qu'il est solidaire du reste du corps social, doit retrouver une pratique active de la citoyenneté. Celle-ci ne se réduit pas à payer ses impôts une fois par an, et à glisser un bulletin dans l'urne une fois tous les cinq ans, d'autant que 50 % des foyers fiscaux sont non imposables[54] – la suppression intégrale de la taxe d'habitation contribuant à ce chiffre – et que les taux d'abstention aux élections explosent régulièrement depuis les années 1990 pour atteindre 65,7 % au second tour des dernières élections régionales et départementales de 2021.

Loin de cette participation démocratique strictement procédurale, qui plus est en berne, le ressourcement républicain implique que chaque citoyen prenne soin de la société comme d'un bien commun en péril, comme s'il s'agissait d'une vieille bâtisse requérant une attention particulière au quotidien. Les propriétaires de ces demeures savent combien l'entretien d'un tel patrimoine engage une attention constante et la mobilisation de savoir-faire précis. On ne s'en porte pas acquéreur si on n'entend pas l'habiter et en prendre soin – sauf à la condamner à une irrémédiable dégradation. Habiter la Terre et la France devrait impliquer la même responsabilité.

L'écrivain Julien Gracq faisait remarquer que la Modernisation a été l'ère de la culture de masse en même temps que du quasi-effacement de la culture de la terre de l'imaginaire collectif : « Chaque année voit s'amaigrir et s'étioler autour des bourgs les jardins potagers qui leur faisaient une tendre ceinture verte, bénignement gonflée de sucs comestibles. Le Français de 1978, qui consent encore, comme l'Américain, à passer la tondeuse sur la pelouse de son bungalow, se refuse désormais à cultiver ses légumes. Le contact vital avec le sol de la main qui plante et qui désherbe, le bonheur physiologique modeste et pourtant épanoui qui naît du don libéral de l'eau à la terre sèche, celui qui s'attache au guet de la pousse verte crevant le sable du semis, à la vrille du haricot qui monte décorer sa rame, tout cela s'éloigne de nous peut-être sans retour. »[55]

La métaphore du jardinage est d'autant plus intéressante que, à l'ère anthropocène, il n'y a plus de coupure ontologique entre la nature et la culture. Le jardin est une parfaite image, comme une sorte de reproduction miniature, du monde anthropocène ; il est à la fois le fruit de l'ingéniosité humaine, puisqu'il est agencé de manière à donner le meilleur résultat esthétique ou productif, selon ses usages, en même temps qu'il réplique un écosystème naturel avec ses liens, ses nœuds, ses interdépendances et ses boucles de rétroaction. Notre monde commun est un grand jardin menacé d'étiolement : indistinctement nature et civilisation ; en réalité, ni l'un ni l'autre, il n'est qu'un artifice, un aménagement par l'être humain de son milieu de vie. Être un humain, c'est être un ingénieur écosystémique, un artificialisateur né. Être un citoyen, c'est être un jardinier de la Cité aussi bien que de la Terre, prendre soin au quotidien d'une parcelle du monde – ville, nation ou continent – afin de s'assurer qu'elle contribue à l'équilibre d'ensemble.

Faire du citoyen un jardinier de la Cité et de la Terre, c'est aussi lui permettre de s'approprier les lieux qu'il habite, voire de les façonner à sa guise[56]. Le politiste, économiste et écrivain Bertrand de Jouvenel estimait déjà dans les années 1960 qu'un individu moderne passerait environ 80 % de son temps de vie chez lui ou dans son environnement proche. Il n'y a pas de raison que cette statistique diminue avec l'essor du télétravail. Elle risque même d'augmenter. Par conséquent, le premier rayon d'action de l'individu est son domicile, et son jardin quand il a la chance d'en avoir un. Il y a 16 millions de maisons individuelles avec terrain cultivable en France. Cet engouement témoigne du désir de millions de nos concitoyens de prendre soin de la parcelle de Terre qu'ils habitent. Il convient donc d'encourager la transformation des banlieues pavillonnaires et autres ceintures périurbaines en véritables « villes-jardins »[57].

Au niveau local, le soin constitue la pierre angulaire de cette nouvelle conception de la démocratie, fondée sur des pratiques et des usages plutôt que sur des procédures. Le soin que je porte à ma maison, à mon terrain, mais aussi à ma communauté locale. À Totnes, petite ville du Devon, dans le sud-ouest de l'Angleterre, le mouvement des « transitionneurs » est parti des jardins partagés – lieux qui ouvrent un nouvel espace public dans une ville gagnée par le béton. Ils ont été investis aussi bien par des cadres diplômés désireux de retrouver un contact avec la terre que par des ouvriers licenciés au moment de la désindustrialisation. À Detroit, aux États-Unis, qui a perdu en dix ans la moitié de sa population, le développement des fermes urbaines a amélioré l'autonomie alimentaire et a surtout ressoudé un collectif humain, durement marqué par la fermeture des usines automobiles, des principaux services publics et des commerces de proximité[58].

Le jardinage comme l'architecture, dans leur version humaniste, sont des arts de l'aménagement de notre milieu de vie, et en cela ils sont profondément politiques. Ils peuvent concourir à aménager l'espace, c'est-à-dire à le rendre plus agréable à vivre, mieux habitable, partagé, en le soustrayant à la privatisation généralisée. Il en va ainsi de ces villes qui ouvrent des parcs, des tiers-lieux, des voies vertes sur les anciennes infrastructures industrielles, après avoir vu le béton et les autoroutes urbaines triompher pendant des décennies. De nombreux espaces urbains, conçus durant les «Trente Glorieuses», présentent un déficit important d'espaces verts : la nature doit revenir en ville et constituer une priorité de l'action locale en contribuant à un meilleur «métabolisme urbain»[59]. Il ne s'agit pas seulement d'adapter les villes au réchauffement climatique en constituant des îlots de fraîcheur, encore moins de se convaincre qu'il suffit de végétaliser quelques façades pour réparer la planète et le bien commun. Plus fondamentalement, il s'agit d'offrir aux citoyens l'opportunité décisive de se réapproprier leur espace de vie – à rebours des modèles de la *smart city* intégralement privatisée, où il n'existe aucun espace public, aucun transport en commun, aucun lieu partagé, où tous les flux sont optimisés et monétisés. Des villes comme Masdar, à Abu Dhabi, ou Songdo, en Corée du Sud, constituent ainsi des anti-modèles. Dans ces villes où la privatisation a triomphé, l'espace est à ce point optimisé qu'il est impossible d'y être un piéton, un flâneur, un passant. Charles Baudelaire n'aurait pas pu écrire le *Spleen de Djakarta*, où traverser à pied un axe de circulation se fait à ses risques et périls faute de trottoirs et de passages piéton. Dans la *smart city*, l'espace est entièrement optimisé au service des fonctions productives qui se matérialisent par des « flux », à commencer par la circulation automobile. L'architecture traditionnelle, qui conjugue le *pourquoi* de la raison d'être et le *comment* de la fonction, est entièrement disqualifiée au profit d'une architecture uniquement centrée sur le *comment* fonctionnel[60]. Il est temps de substituer le jardinier et l'architecte à la figure tutélaire de l'ingénieur. Comme l'écrit Bertrand de Jouvenel : « L'ingénieur et l'architecte travaillent dans des secteurs tout à fait différents : le premier a pour tâche d'étendre nos possibilités, le second d'utiliser ces possibilités pour élargir le cadre de la bonne vie. »[61] On pourrait dire, en reprenant le vocabulaire de Bertrand de Jouvenel, que l'ingénieur recherche l'efficacité pure quand l'architecte et le jardinier se préoccupent de l'aménité, c'est-à-dire de rendre notre environnement agréable. Pas de méprise : l'aménité ne désigne pas la jouissance esthétique détachée de toute contingence matérielle, mais bien l'efficacité mise au service du bien-être et du bien vivre.

Architecture et jardinage étendent le cadre de la vie bonne en aménageant l'espace, et en soustrayant le temps qui passe à la dictature du « maintenant ». L'attention continue requise par la construction d'une habitation ou l'entretien d'un jardin a partie liée avec le long terme. Ces ouvrages sont faits pour durer et ils portent les marques des générations précédentes aussi bien qu'ils témoignent de l'intérêt porté aux générations futures. Séjournant souvent chez un ami propriétaire d'une vieille demeure dans le Tarn, j'ai pris conscience du rapport au temps très différent que crée chez ceux qui l'occupent l'usage d'un tel bien. En Autonomes archétypaux, nomades et diplômés, les enfants de sa famille sont dispersés aux quatre coins du monde, de Paris à Singapour, en passant par Hong Kong ou Riyad. Ils me confient pourtant à quel point cette demeure est devenue leur centre de gravité intime, le point de convergence des membres de la famille, qui se matérialise par de grandes cousinades au moment des fêtes de décembre ou en août. Tout le monde, à commencer par moi, n'a pas la chance de posséder une vieille bâtisse. C'est pourquoi l'espace public est capital : non seulement il constitue le patrimoine de ceux qui n'en ont pas, mais surtout, là où le foyer est un lieu de rencontre et d'échange restreint au cercle familial, il est avant tout politique et civique. Les jardins et parcs publics ne sont pas anecdotiques, ils doivent être placés au cœur du pacte social, dans les métropoles comme dans les petites villes. Les beaux discours ne suffiront pas pour assurer le renouveau républicain. Les réunions et les débats publics n'attirant plus qu'une minorité d'initiés, le plus souvent diplômés, âgés et aisés, il est urgent d'inventer une citoyenneté « par les actes » qui n'exclue personne de la culture du bien commun. Mon amie Fanny Lacroix, maire de Châtel-en-Trièves, petite commune rurale de l'Isère, s'est aperçue que les réunions publiques ne mobilisaient qu'une petite minorité de citoyens. Aussi a-t-elle encouragé la constitution d'une épicerie solidaire ainsi que de « jardins partagés », tous gérés par une association. Ces actions ont peu à peu ramené vers la vie civique des citoyens qui n'osaient pas s'exprimer lors des réunions publiques, quand ils ne les désertaient pas purement et simplement. La quasi totalité des habitants de la commune participe aujourd'hui, d'une manière ou d'une autre, c'est-à-dire par des paroles aussi bien que par des actes, à la vie du village.

L'architecture française a, de son côté, beaucoup souffert de la décentralisation de la politique d'urbanisme. Des gigatonnes de béton ont été coulées pour construire rocades et ronds-points et ces lieux de passage, dénués de toute vie et personnalité, ont enlaidi les pourtours de nos villes. Ces paysages fonctionnels, dépourvus de toute considération esthétique, pensés entièrement sur le modèle du giratoire pour assurer la plus grande fluidité de circulation automobile, ont suivi le mouvement de privatisation du monde. Ils ont été livrés à l'appétit des promoteurs et des investisseurs immobiliers ainsi que des groupes d'intérêt locaux d'une déontologie trop souvent douteuse. Ils ont contribué à l'enlaidissement de la France des préfectures et des sous-préfectures, une indignité esthétique dont on mesure mal les effets sur le moral de la population.

Il est assez vertigineux de se dire que nos villes regorgent de trésors patrimoniaux – églises, hôtels particuliers, maisons de maître, abbayes, jardins publics, ouvrages d'art… – mais que pour y pénétrer, il faut traverser des zones de non-droit esthétique. Circuler à l'entrée de Nîmes, de Belfort, d'Évreux ou de Châteauroux, c'est l'assurance de voir défiler ronds-points, hypermarchés et magasins spécialisés, une succession d'immenses boîtes en tôle ondulée desservies par grappes, autour de leurs giratoires respectifs. La France en détient le peu flatteur record mondial avec plus de 30 000 ronds-points disséminés sur tout le territoire. On peut presque parler de « passion française ». Notre pays possède également une quantité astronomique d'hypermarchés et de supermarchés, respectivement 2 000 et 10 000 emprises dispersées dans l'ensemble du pays. Ces ronds-points et ces hypermarchés ont fait les affaires de la grande distribution et du BTP, deux secteurs de l'économie traditionnelle qui se portent particulièrement bien en France, avec plusieurs grands groupes d'envergure internationale. Deux secteurs au demeurant relativement indifférents aux problématiques de compétitivité qui ont commencé à miner l'économie française dans les années 1980, puisque leurs emplois ne sont pas délocalisables et qu'ils sont assez peu exposés à la concurrence internationale.

Il est temps de privilégier une approche différente du territoire national, fondée sur la réappropriation esthétique de l'ensemble de ses parcelles par ses habitants. Loin d'une position élitiste, le droit de vivre et d'évoluer dans un environnement plaisant, adapté et conçu selon des critères tant esthétiques que d'habitabilité, doit être accordé à tous. Il est injustifiable que la laideur soit jugée plus acceptable pour ceux qui ont du mal à boucler les fins de mois que pour les autres. Le choix par les autorités locales de politiques urbanistiques plus prudentes et soucieuses du bien vivre de tous doit permettre d'améliorer le cadre de vie des habitants et des usagers des zones périurbaines, à l'image des petites villes allemandes ou néerlandaises qui ont bien mieux su se préserver.

Des cafés et des tiers-lieux plutôt que des ronds-points

L'étalement urbain, le développement des ceintures périurbaines, l'émiettement territorial, combinés à la précarisation du travail ou encore la déchristianisation, ont dévitalisé des lieux de socialisation aussi différents que les Maisons des jeunes et de la culture (MJC), les sections syndicales ou encore les églises. Cet effondrement du «tissu de relations» est un problème international, comme l'a montré le sociologue américain Robert Putnam dans son livre *Bowling Alone : The Collapse and Revival of American Community* (Simon & Schuster, 2000), où il dissèque l'épidémie de solitude qui frappe l'Amérique des années 1980 en prenant l'exemple de ces individus qui se rendent seuls au bowling, activité sociale par excellence. Nous sommes plus mobiles, nous croisons dans une journée plus de gens que jamais, mais ces interactions se limitent trop souvent à des liens faibles, voire inexistants. En revanche, les liens forts, ceux de la famille et des amis, ceux de la camaraderie, de l'église ou du parti, du syndicat ou de l'armée, du club de sport ou de l'amicale laïque, de l'association des anciens combattants ou de la maison de la culture, du ciné-club ou de la franc-maçonnerie se sont considérablement étiolés. Un exemple édifiant du recul des relations naît de la comparaison de deux films de la vie quotidienne, dans les années 1970 d'une part et 2010 d'autre part : d'un côté *Vincent, François, Paul et les autres* – dont on a vu à quel point il illustre l'esprit d'insouciance et de camaraderie prévalant durant l'époque de la Modernisation – et de l'autre *La Vie très privée de Monsieur Sim* (film de Michel Leclerc, 2015), dans lequel l'acteur principal, Jean-Pierre Bacri, incarne un commercial solitaire qui a tout perdu, femme, famille et emploi, et qui erre, hébété, hagard, au volant de sa voiture, au milieu des zones commerciales sans âme aux abords des villes moyennes. Le ressourcement républicain de la société ne pourra donc se faire qu'à condition d'aménager de nouveaux espaces de socialisation dans les territoires où ils se sont raréfiés. Parmi ces nouveaux lieux, on trouve les tiers-lieux. Ils peuvent réinsuffler de la vie à des territoires désertifiés, surtout avec l'essor du télétravail. C'est en particulier vrai dans les zones rurales durement touchées par le vieillissement de la population.

« L'Hermitage », né dans le petit village d'Autrêches au carrefour de l'Aisne et de l'Oise, en est un modèle exemplaire. Un entrepreneur social a repris un ancien domaine agricole de 30 hectares à l'abandon pour lancer un ambitieux projet associatif réunissant, dans un même lieu de vie, plusieurs branches d'activités : un café et une épicerie-cantine solidaire, une brasserie pédagogique, une microferme agroécologique et biointensive, un fablab et un espace numérique pour apprendre à coder. Surmontant la défiance initiale des habitants, L'Hermitage s'est imposé comme un lieu essentiel dans la vie du village, où se retrouvent des gens qui ne se rencontraient plus, voire s'affrontaient : des chasseurs ou des paysans locaux y côtoient des néoruraux écologistes ; des retraités y croisent des jeunes gens en recherche d'emploi… En complément de ces tiers-lieux, les services de base, comme le bureau de poste ou une petite épicerie, sont essentiels dans les territoires ruraux. C'est là que les gens se rencontrent, que le commun se recrée autour d'une simple conversation. Des travaux ont démontré combien les équipements collectifs, publics et privés, influent sur les comportements politiques. Une étude du Conseil d'analyse économique (CAE) a par exemple établi d'intéressantes corrélations entre la fermeture d'équipements publics (lycée, maternité…) ou privés (librairie, café, épicerie de proximité…) et la propension à l'abstention, au vote contestataire, ou encore à l'occupation des ronds-points au moment du mouvement des Gilets jaunes (novembre 2018)[62]. Si les ronds-points ont été des points d'action stratégiques dans la France des banlieues pavillonnaires et des ceintures périurbaines, c'est entre autres raisons parce que les lieux de sociabilité s'y font plus rares qu'ailleurs. Le mouvement des Gilets jaunes a aussi été un canal d'expression pour des concitoyens en mal de socialisation[63].

La réinstallation de services publics, déjà à l'œuvre avec le programme gouvernemental « France Services », qui vise à rétablir des services publics dans les zones désertifiées, est une évidente priorité politique. Mais elle doit être complétée par un effort pour installer des équipements privés. Une commune vivante ne saurait se réduire à un bureau de poste ou à une antenne de la caisse d'allocations familiales. On doit aussi y trouver une boulangerie, un cabinet médical, une pharmacie, une épicerie ou une supérette, et pour les communes de plus grande taille, une maison de la presse, une autre de la culture, une petite salle de cinéma, et peut-être un ou deux médecins spécialistes… Les cafés et « troquets » jouent aussi un rôle de socialisation majeur. On y retrouve ses amis, on joue aux courses, on lit le journal, on commente l'actualité politique ou sportive parfois diffusée sur un poste de télévision. Hélas, on ne prend conscience de la puissance intégratrice de ce lieu dans la sociabilité locale que lorsqu'il ferme. D'où l'importance de programmes comme « 1 000 cafés », lancé par le Groupe SOS. L'initiative consiste à accompagner la reprise de 1 000 cafés dans 1 000 communes de moins de 3 500 habitants qui n'en ont plus ou qui risquent de le perdre.

L'enjeu est de reconstruire les liens proches, avant de resserrer les plus distanciés. Il s'agit de retisser le lien social, point par point. La république en actes est une affaire de jardinage et de couture. Du local au national, du national à l'européen, puis au-delà, dans un maillage englobant notre coappartenance à une même planète. Ainsi, les actions individuelles finissent par provoquer des effets globaux. La solidarité se construit par élargissement progressif – par cercles concentriques prenant en compte des intérêts de plus en plus éloignés. Toute la difficulté de l'opération réside dans le fait que cet élargissement du périmètre de la solidarité ne doit pas léser les bénéficiaires initiaux du contrat social. Une partie de la révolte des classes moyennes occidentales s'explique par le sentiment d'une dégradation de leur position relative dans l'échiquier mondial, au profit des « autres », qu'ils soient « à l'extérieur », comme les classes moyennes asiatiques, ou « à l'intérieur », les travailleurs précaires immigrés notamment – ces boucs émissaires régulièrement accusés par l'extrême droite de « voler le pain des Français » alors qu'ils font souvent des métiers pénibles pour lesquels les candidatures locales font défaut.

Une organisation territoriale simplifiée

Pour retisser le lien social, les pratiques et les usages civiques ainsi que la réinstallation d'équipements de proximité dans les petites communes doivent s'accompagner d'une profonde métamorphose institutionnelle. Les collectivités territoriales devront être simplifiées dans leur fonctionnement, sur un modèle à deux niveaux territoriaux, au lieu de quatre actuellement : d'un côté, le bloc régional, qui absorbera les départements, de l'autre, le bloc communal, qui regroupera communes et intercommunalités.

Le bloc régional sera chargé de faire fonctionner harmonieusement le système territorial, là encore dans une logique de cercles concentriques : de la métropole vers ses couronnes périurbaines et les villes moyennes à la périphérie ; des villes moyennes vers les petites villes à proximité ; des petites villes vers les bourgs et la ruralité environnante. Les 13 grandes régions correspondent chacune à de grands systèmes territoriaux qui fonctionnent plus ou moins bien. Le rôle de la région sera de s'assurer que la ou les métropoles de son espace irriguent bien les communes avoisinantes ; que les couronnes périurbaines se densifient et se transforment en véritables villes-jardins, dynamiques et animées ; que les villes moyennes fassent avec les petites villes et la ruralité le même travail d'animation que la métropole régionale avec les villes moyennes. Un système de péréquation financière ambitieux sera mis en place à l'échelle de la grande région. Ainsi une partie des recettes fiscales perçues dans les métropoles, qui reposent beaucoup sur l'apport, notamment humain, des territoires environnants, sera affectée à des projets de développement partagé entre territoires, comme le financement de ceintures maraîchères en périphérie des métropoles ou encore la densification des infrastructures ferroviaires de proximité – le développement du réseau des TER par exemple – afin d'améliorer la circulation entre les différents espaces.

Ces « super-régions », renforcées dans leurs prérogatives, auront donc une lourde responsabilité : celle de « gouverner les circulations » à l'intérieur de l'ensemble territorial, c'est-à-dire de s'assurer que les richesses, les informations et, bien sûr, les individus circulent harmonieusement d'un niveau à l'autre, et dans un sens comme dans l'autre[64]. Concrètement, elles auront pour mission de s'assurer qu'aucune couronne périurbaine ou ville moyenne environnante ne s'enfonce dans le déclin ou l'isolement, en raison de l'exode de ses jeunes qualifiés et de la désertification économique, mais que tous les territoires continuent au contraire de bénéficier de l'impulsion de la métropole en matière de projets partagés, d'infrastructures de transport ou de revitalisation du centre-ville. Dans certaines régions, le défi est de taille, car les métropoles y ont très peu d'impact sur leur environnement géographique immédiat. C'est particulièrement vrai dans la région Sud (ex-Provence-Alpes-Côte d'Azur) ou encore dans les Hauts-de-France avec la métropole lilloise qui, bien que jouissant d'un fort dynamisme, n'en fait guère profiter les couronnes périurbaines et les villes moyennes souvent sinistrées de son écosystème territorial. C'est beaucoup moins vrai d'agglomérations comme Nantes, Toulouse ou Lyon qui ont une force d'entraînement appréciable sur leur environnement immédiat. Le conseil départemental se verra, lui, limité au rôle d'antenne locale du bloc régional, et sa mission sera recentrée sur la cohésion et l'animation sociale du département. Il n'y aura qu'une seule élection : les conseillers régionaux siègeront également au sein de l'antenne départementale de leur territoire d'élection, sur le modèle du « conseiller territorial » imaginé sous la présidence de Nicolas Sarkozy et finalement abandonné en 2012.

Les communes et les intercommunalités resteront quant à elles l'échelon essentiel de la proximité, mais une meilleure intégration devra être trouvée. Entre les deux niveaux, la même relation qu'entre région et département devra s'établir : les communes seront les antennes locales des intercommunalités, chargées de l'animation de proximité, de la vie démocratique et de la cohésion sociale. Le rôle du maire comme interlocuteur direct, en particulier dans la ruralité, reste absolument essentiel, mais il devra se concentrer sur ces tâches décisives d'animation et de création de liens. Les intercommunalités, qui doivent rester à échelle humaine et ne pas s'étendre au-delà du périmètre du bassin de vie, auront la double charge du développement économique et de la résilience écologique du territoire. En outre, elles seront complètement démocratisées : l'assemblée intercommunale sera élue au suffrage universel direct en même temps que les conseils municipaux. Comme pour les régions et les départements, il n'y aura qu'une seule élection à l'occasion de laquelle seront désignés les maires des communes et les conseillers des intercommunalités, permettant ainsi une plus grande cohérence électorale, mais aussi dans l'action menée.

La citoyenneté locale devra également être repensée. Pour éviter la « démocratie du sommeil », c'est-à-dire un système dans lequel seuls ceux qui « dorment » dans une ville détiennent le droit de vote au motif qu'ils y sont domiciliés, le citoyen détiendra un double droit de vote : il pourra exercer son suffrage à la fois dans la ville où il a sa résidence personnelle et dans celle où il a son attache professionnelle, qu'il s'agisse d'un bureau, d'une usine, d'une boutique, ou d'un espace de *coworking*[65]. Une telle évolution permettra d'élargir la décision locale à l'ensemble des parties prenantes, conformément à une logique d'usage du territoire, plutôt qu'aux seuls propriétaires et locataires de logements qui n'expriment qu'une vision, forcément partielle et partiale, de l'intérêt public local. À Lyon, la communauté urbaine absorbe, par exemple, chaque jour près de 100 000 personnes venues d'intercommunalités périphériques ; quant à la ville de Paris, si elle compte 2 millions de résidents, elle accueille quotidiennement 1 million de travailleurs issus d'autres départements[66]. Le corps électoral lyonnais serait ainsi élargi à ces 100 000 navetteurs quotidiens et le corps électoral parisien à ce million de travailleurs venus de l'extérieur qui ont tout autant leur mot à dire sur les politiques de transport, de mobilier urbain, de grands travaux ou encore de services publics que les citoyens qui habitent un logement au sein de la ville. L'architecture institutionnelle en Île-de-France devra d'ailleurs être drastiquement simplifiée. Au lieu de l'empilement actuel entre la ville de Paris, le département incorporé à la municipalité, les départements franciliens et la métropole du Grand Paris qui a des airs de coquille vide, il faudra fusionner la ville, le département ainsi que l'ensemble des départements de première couronne au sein d'une véritable métropole, dont le maire et le conseil seront élus au suffrage universel direct. Le territoire métropolitain sera ensuite découpé en communes-arrondissements, sur le modèle des actuels arrondissements parisiens, et chaque commune-arrondissement verra également son maire élu au suffrage universel direct le même jour que l'élection métropolitaine.

Le Sénat, quant à lui, sera transformé en Assemblée des régions : y siègeront l'ensemble des présidents de région et de département, ainsi qu'une sélection de maires et de présidents d'intercommunalités de différentes tailles, choisis par leurs pairs[67]. C'est dans cette chambre que se nouera véritablement le dialogue entre l'État et les collectivités territoriales, pour sortir de la situation actuelle où les discussions État-collectivités, qui sont pourtant d'une importance vitale pour notre pays, sont trop souvent sous l'emprise de petites coteries de technocrates et de notables locaux.

Depuis quarante ans, la décentralisation à la française a souvent consisté à reprendre d'une main aux territoires ce qu'on leur donnait de l'autre. À mesure que l'État transférait des compétences aux collectivités locales, il créait par exemple des réglementations et ajoutait des contrôles qui entravaient l'action des élus de proximité, comme s'il avait une peur panique de perdre le contrôle de la situation. Résultat : l'État s'est vidé de nombreuses compétences stratégiques et opérationnelles, au profit d'une approche exclusivement juridique, souvent bureaucratique, parfois tatillonne. En témoigne l'étiolement des administrations d'ingénieurs et de techniciens dans l'appareil d'État, que ce soit dans les services centraux ou sur le terrain. Rien ne manifeste mieux cet épuisement de la « capacité à faire » de l'État que le recours de plus en plus massif à des prestataires extérieurs, à commencer par les cabinets de conseil qui ont joué un rôle disproportionné durant la crise du Covid : une note récente estimait le coût total du recours à l'externalisation par l'ensemble des collectivités publiques – État, collectivités territoriales et Sécurité sociale – à 160 milliards d'euros par an[68], soit l'équivalent de la moitié du budget de l'État. Une somme colossale, révélatrice d'une incapacité croissante à faire. L'État sait réglementer et contrôler. Dans le meilleur des cas, il « fait faire » en externalisant. Mais il agit de moins en moins par lui-même. Le changement culturel à opérer est profond. Vis-à-vis des collectivités territoriales et de la société civile, il ne s'agit de rien de moins que substituer la confiance au contrôle. L'État doit se positionner comme un accélérateur et un démultiplicateur des réussites locales, en mobilisant ingénierie et financements de toutes origines pour les aider à croître. Il doit devenir le connecteur et le démultiplicateur de l'intelligence territoriale. C'est tout l'objectif des programmes nationaux « Action cœur de ville », qui réunit 234 villes moyennes, ou « Petites villes de demain », et ses 1 600 communes, portés par l'Agence nationale de la cohésion des territoires (ANCT). Tous les acteurs – publics, parapublics et privés – de l'aménagement local sont réunis autour de la table et les collectivités territoriales sont invitées à se connecter en réseau. Les programmes favorisent la coopération entre acteurs dans les territoires et entre ceux-ci. C'est ainsi que l'innovation publique se diffusera. Comme l'économie du bien-être, l'innovation publique germe dans un écosystème territorial, mais son expansion ne peut se réaliser par la magie d'un décret ou d'une loi qui la généralise. Elle se fait de proche en proche, dans un processus d'apprentissage continu qui ne peut fonctionner que s'il existe un acteur capable d'agréger et de mutualiser, en l'occurrence l'État.

L'avenir est donc aux réseaux de territoires à l'intérieur de la République, structurés autour d'une communauté d'intérêt, que celle-ci soit impulsée par l'État, comme c'est le cas pour les centres-villes avec les programmes « Action cœur de ville » et « Petites villes de demain », ou auto-organisée, comme c'est le cas des Territoires à énergie positive (Tepos), un réseau de collectivités locales et de porteurs de projets qui cherchent ensemble à promouvoir les énergies renouvelables, la maîtrise de l'énergie ainsi que la transition écologique à l'échelle du territoire national. En 2021, plus de 300 structures publiques et privées participent à ce réseau.

Les *success stories* locales ne manquent pas. La commune de Loos-en-Gohelle, dévastée par la fermeture de ses puits de mine, a su, par exemple, s'engager dans un processus participatif de rebond économique, écologique et social grâce à l'énergie de son maire d'alors, Jean-François Caron. À partir de 2000, la ville s'est dotée d'un plan d'action pour passer du « noir au vert », c'est-à-dire d'une économie dominée par le charbon à un mode de développement écologiquement durable. Fort de ce succès local, Jean-François Caron a alors entrepris de structurer un réseau de territoires partageant les mêmes problématiques, la Fabrique des transitions, afin de fédérer une véritable communauté de réflexion et d'action. L'essaimage commence à porter ses fruits : en 2021, ce réseau compte, lui aussi, plus de 300 organisations, publiques et privées.

Si les réussites individuelles ne manquent pas, c'est souvent la volonté de les faire croître et de s'étendre qui fait défaut. Colonne vertébrale de la nation, l'État doit endosser un nouveau rôle : accompagnateur, accélérateur, facilitateur, connecteur. Il doit quitter sa posture surplombante et descendante pour devenir une plateforme d'agrégation de talents et de structuration des communautés d'intérêts. Prise en compte du temps long, investissements d'avenir, sécurités collectives liées aux transitions, passage à l'échelle de l'innovation publique, mise en réseau des territoires : on voit se dessiner un nouveau programme de travail pour l'État, qui sera, comme toujours dans notre pays, au cœur du nouveau modèle français. Il n'est plus seulement ce Léviathan classiquement chargé de la sûreté des citoyens, mais il se réinvente et s'enrichit de techniciens et d'architectes, d'innovateurs, d'investisseurs audacieux, d'expérimentateurs, de capital-risqueurs et de chercheurs. Plus que jamais, le rôle de l'État doit être fédérateur. Garant de la confiance de chacun et de la cohésion de l'ensemble, il est à la fois celui qui agrège les initiatives locales dans des réseaux nationaux et le détenteur du principe directeur et de la vision d'ensemble.

La bataille de l'école et pour un vrai débat civique

La lente dégradation du niveau des élèves ainsi que des conditions matérielles et symboliques de l'exercice du métier d'enseignant n'est plus tenable dans un pays qui se vit, depuis 1789, comme la « nation de l'intelligence »[69]. C'est par l'éducation que l'universalisme républicain s'incarne concrètement contre tous les particularismes ethniques ou religieux. C'est par l'éducation que l'on fabrique le lien politique qui a défini et définira le modèle français. L'éducation, le savoir, la transmission constituent les piliers de la construction sociale des individus – la seule vraie possibilité d'égalité des chances et des conditions. C'est là le cœur de notre pacte social, la pierre angulaire de notre projet de société. Pour qu'il advienne, le déclin éducatif de la France doit être enrayé. Pour le niveau CM1, en mathématiques, l'enquête Timss donne, en 2019, le score de 485 à la France, alors que la moyenne européenne est de 527, ce qui place notre pays en dernière position en Europe et avant-dernière position des pays de l'OCDE, juste devant le Chili. Pour les élèves de 4e, les résultats ne sont guère plus satisfaisants : la France est derrière la moyenne des pays européens ainsi que ceux de l'OCDE, aussi bien en mathématiques qu'en sciences expérimentales[70]. Sans un chantier de refondation de l'école, la construction du nouveau modèle français échouera.

Le débat sur l'éducation se focalise trop sur les effectifs d'enseignants et pas assez sur la transmission du savoir et les contenus pédagogiques pour donner aux jeunes générations les outils nécessaires à leur évolution et à leur épanouissement au sein d'une société qui a profondément évolué. L'école devra être la grande cause nationale de la décennie 2020, quelles que soient les majorités politiques qui gouverneront la France. Pour enseigner aux enfants la maîtrise des savoirs fondamentaux – lire, écrire, compter, coder – l'école primaire devra être l'objet de toutes les attentions. Les professeurs des écoles devront être mieux rémunérés et mieux formés. Les classes de CP et de CE1 pourraient être systématiquement dédoublées, sur le modèle de ce qui a été mis en place pour les classes de CP dans les zones d'éducation prioritaire dites « REP+ ». Au collège et au lycée, une plus grande latitude devra être laissée à l'équipe éducative – enseignants et chef d'établissement – afin qu'ils puissent construire un projet d'établissement adapté aux besoins et aux éventuelles difficultés des élèves. Le suivi des décrocheurs précoces ou des enfants turbulents est un enjeu essentiel de l'intégration et du lien social comme de l'égalité des chances. Ces élèves doivent faire l'objet d'une attention particulière, qui ne peut pas s'arrêter au seuil de l'établissement scolaire. L'effort doit être partagé entre les enseignants, les familles, les autres services publics, ainsi que les clubs de sports et de loisirs qui jouent eux aussi un rôle déterminant de socialisation. La vigilance doit être une œuvre collective à l'échelle d'un écosystème territorial.

L'éducation de demain ne pourra plus récompenser les seuls manipulateurs de symboles ; elle devra construire des parcours d'excellence dans les filières techniques et professionnelles et cela ne sera possible que si l'industrie, l'artisanat et les savoir-faire sont remis à l'honneur dans notre société. Les cours de technologie ou d'arts plastiques au programme du collège ne sont guère valorisés, au grand désespoir des enseignants de ces disciplines, souvent passionnés. L'enseignement technologique est particulièrement tourné en dérision, avec ses porte-clés lumineux et autres alarmes de tiroir. Cette déconsidération est hélas le résultat d'une culture plus profonde de dévalorisation des métiers de la main. Une culture paradoxalement obsédée par les produits manufacturés, mais dont le consommateur ne veut rien savoir du processus de production qui a abouti à l'objet qu'il achète.

Autre sujet d'inquiétude : de nombreuses enquêtes d'opinion marquent un recul de la culture républicaine. Les relations entre les individus sont de moins en moins envisagées sous l'angle de l'agir en commun, et de plus en plus dans une perspective marchande. Les plus jeunes de nos concitoyens ont de plus en plus de mal à comprendre le fonctionnement classique de l'espace public républicain. Une enquête récente montre que 52 % des lycéens se disent opposés au droit de critiquer une croyance, un symbole ou un dogme religieux[71]. C'est que désormais la religion est consubstantielle de l'identité individuelle, le fameux « moi-roi », bien davantage qu'un corpus de croyances et de prescriptions à valeur sociale commune. La laïcité, face à la pluralité des individualités et de leurs croyances, permet cependant à la fois de respecter la diversité des convictions et de préserver la possibilité d'un espace commun. C'est pourquoi elle ne se limite pas à la tolérance de la conviction d'autrui « parce que c'est sa conviction » – au motif du « respect » que l'on doit à ses croyances. Le respect est une condition de l'agir en commun, mais il ne le favorise pas, n'en est pas le moteur. S'arrêter au respect dû à autrui, c'est se cantonner au fonctionnement d'une société de marché où chaque individu est une monade parfaitement indépendante des autres qu'il faut respecter dans son irréductible singularité et pour laquelle il faudrait aménager un *safe space* la préservant de toutes sortes de micro-agressions venues de l'extérieur[72]. Cette absolutisation des convictions de chacun, qui conduit à un relativisme radical, rend toute aventure en commun difficilement concevable. Toute délibération, controverse, interaction même, prend alors le risque d'être vécue comme une remise en question radicale d'autrui dans son intégrité. Dans une telle société, la critique satirique d'une religion n'est, par exemple, plus comprise car elle est immédiatement interprétée comme le dénigrement de l'identité des personnes, comme une atteinte à leur dignité fondamentale et à ce qui les constitue de manière essentielle. Le dialogue républicain devient alors difficile. Il est donc urgent de sortir de cette spirale identitaire. Le respect et la liberté de chacun ne sauraient en aucun cas remettre en cause la liberté d'expression, la réduire ou la limiter, sans quoi la possibilité même du débat public devient problématique.

La laïcité ajoute au respect des croyances la neutralité du service public, et elle protège les individus, spécialement les plus vulnérables, contre la pression des groupes[73]. C'est pour cela que les signes ostensibles religieux sont interdits à l'école depuis la loi du 15 mars 2004. La neutralité demandée aux élèves dans l'enceinte scolaire est pensée pour leur offrir la possibilité de se forger leur propre chemin critique, leur propre conviction sans que tout soit joué d'avance. Or, cette laïcité-là est de plus en plus mal comprise par la jeune génération.

L'autre conséquence du morcellement identitaire de la société est la grave régression du débat public. Ce dernier est pourtant la condition du succès d'une République en actes, qui ne saurait se réduire à des règles formelles ou à des procédures électorales. Elle suppose une conversation civique pour poser les problèmes et les résoudre collectivement à l'issue d'un débat contradictoire.

Pour qu'une conversation civique effective ait lieu, il faut non seulement parler la même langue, et donc se comprendre, mais aussi que le débat s'établisse dans un espace public, un lieu – physique ou virtuel – qui accueille et permette l'échange. Or la fragmentation de la société enferme les individus dans des bulles d'entre-soi qui compliquent la circulation d'informations fiables et acceptées par tous comme un reflet fidèle de la réalité. Pour qu'il y ait un débat contradictoire sur les moyens et solutions à mobiliser pour résoudre un problème, encore faut-il s'entendre sur le constat de départ, sur une analyse, factuelle, la plus objective possible de la situation. Durant l'époque de la Modernisation, certaines institutions, comme l'Insee ou le Plan, ont beaucoup contribué à la formulation de diagnostics acceptés par tous sur l'état de la société et de l'économie. Le primat de la statistique, plus largement des données de l'observation empirique comme fondement du débat public, contribuait à apaiser les mœurs, à expurger le débat démocratique des passions idéologiques et des insurmontables conflits de valeurs qui l'avaient empoisonné durant la montée aux extrêmes de l'entre-deux-guerres. Malheureusement, à notre époque de repli identitaire, les conflits de valeurs sont revenus sur le devant de la scène, exacerbant les tensions, les affects, et l'idée de la supériorité des opinions de chacun sur celles d'autrui. Face à une crise économique qui s'installe dans la durée et au sentiment de l'impuissance publique, une partie du débat a basculé sur des sujets sociétaux qui impliquent des valeurs souvent inconciliables. Les positions idéologiques des individus, ou groupes, se cristallisent alors sur leurs différences et convictions intimes qui, si elles doivent pouvoir cohabiter dans l'espace public, relèvent pourtant de la sphère personnelle.

La polarisation du débat public s'explique en partie par l'insensibilité croissante des différents sous-groupes de la société aux préoccupations des autres. Chaque « tribu » souhaite triompher sans avoir l'honnêteté intellectuelle de passer ses préjugés idéologiques ou moraux au tamis de l'objectivité. Or un tel examen de conscience est une condition nécessaire pour une conversation civique, par essence respectueuse et nuancée.

Pour revenir à des débats plus sereins et mesurés, une « semaine de la délibération » pourrait être rendue obligatoire une fois tous les deux ans, afin d'inciter les citoyens à discuter dans leur bassin de vie des grands sujets d'avenir. Les bureaux de vote serviraient alors de lieux de rencontre. Cela permettrait d'éviter la capture du débat public par les classes les plus aisées et éduquées et quelques minorités militantes, comme ce fut le cas lors du Grand Débat national. Si l'exercice a connu un certain succès, les 2 millions de

Français qui y ont participé étaient bien différents de ceux présents sur les ronds-points pendant le mouvement des Gilets jaunes : les participants au Grand Débat national de 2020 étaient plus âgés, plus aisés et plus diplômés. Un programme de reconstruction républicaine de la société devra dégager des règles pour recréer un débat public véritable. Reconstruire une conversation publique apaisée et constructive suppose le même effort patient que la réouverture de lieux de socialisation dans les bourgs et les villages.

En définitive, le nouveau modèle français s'impose comme un formidable programme de reconquête de l'espace public, qu'il s'agisse des lieux publics ou du débat démocratique – contre tous les particularismes, toutes les privatisations, tous les groupes d'intérêt. Plus qu'un programme économique, il vise à rassembler l'ensemble de la société et chaque citoyen au sein d'un projet global qui appartient à tous et relève de chacun. C'est ensemble, en engageant la France tout entière dans une même voie concertée et fédératrice que l'avenir apparaîtra à nouveau riche de promesses et de possibles.

CONCLUSION

En 1945, la France libérée est un pays ruiné, affaibli, mais surtout psychologiquement anéanti par la débâcle de 1940 et le déshonneur de la collaboration. Le coût de la victoire est élevé et se paie dans la douleur. Pourtant, la génération issue de la Résistance a su engager la France dans la voie de la reconstruction et la propulser dans la modernité. Cette entreprise n'aurait pas été possible sans la claire formulation d'un diagnostic sur l'état du pays dès la Libération. Mendès France, Blum, Monnet, de Gaulle et même Thorez – tous étaient convaincus que l'alternative se jouait désormais entre modernisation et décadence. Ce diagnostic, partagé par l'essentiel des forces politiques et sociales, a permis de jeter les fondations du modèle français d'après-guerre. Sur celles-ci a germé un mode de développement original reposant, en premier lieu, sur un État planificateur et protecteur profondément réinventé. En 1968, c'est une France métamorphosée qui s'apprête à vivre un nouveau bouleversement : la guerre n'est plus qu'un lointain souvenir et la génération du baby-boom est impatiente de jouir des fruits de l'effort de ses parents

– hédonisme et individualisme sont les nouveaux mots d'ordre. Cependant, dans la décennie qui suit, le modèle français d'après-guerre commence à vaciller, avec l'entrée de la France dans la mondialisation et les premières crises énergétiques.

La France de 2021 ne souffre pas de blessures aussi profondes que le « corps disloqué » que découvre de Gaulle en 1944. Certes, l'économie a ralenti par rapport aux « Trente Glorieuses », la société s'est fracturée, comparé au peuple unifié par la culture de masse des années 1960, et le lien social s'est distendu, parfois déchiré dans les replis identitaires et le désengagement politique. Pour autant, nous vivons en paix, notre démographie reste dynamique, les inégalités sociales n'ont pas explosé, les services publics et les infrastructures collectives demeurent performants. Plusieurs facteurs de rassemblement peuvent en outre contribuer à construire ensemble ce nouveau modèle français : le désir d'ancrage territorial renforcé par l'essor du télétravail, une prise de conscience massive de l'urgence écologique et l'attachement d'une immense majorité de Français à notre République.

Pour bâtir ce nouveau modèle, nous devrons d'abord retrouver une capacité à poser des diagnostics faisant consensus sur les grandes mutations qui nous affectent : le changement climatique et l'érosion de la biodiversité, le vieillissement de la population ou encore la révolution numérique. Mobiliser l'essentiel des forces vives de la nation dans les solutions d'avenir est indispensable, et cela ne pourra se faire qu'à condition de réintroduire la culture du temps long au sein de nos institutions et au cœur de notre débat civique. Pour cela, il nous faut, par exemple : remplacer le Conseil économique, social et environnemental par une Chambre de l'avenir, force de propositions concrètes et de projets engageants, qui rassemble l'ensemble des représentants de la société ; libérer la fonction présidentielle de la dictature de l'immédiateté qui l'écrase ; ou encore refonder un véritable Commissariat au Plan capable de donner corps et d'octroyer des moyens substantiels aux résolutions prises par la Chambre de l'avenir.

Bien sûr, le moteur du nouveau modèle français ne peut pas être que politique, il devra être propulsé par un mode de production adapté : l'économie du bien-être. Celle-ci rompt avec l'économie de masse qui avait porté la modernisation d'après-guerre et se distingue également du capitalisme de plateforme à « l'américaine » comme du capitalisme impulsé par l'État, sur le modèle chinois. Tournée vers le bien-être interdépendant des individus, de la société et des écosystèmes, cette nouvelle économie conjuguera le meilleur de la tradition et des savoir-faire agronomiques, artisanaux et industriels français avec les dernières avancées scientifiques et techniques, et démontrera notre capacité, toujours intacte, à innover. Ce mode de production n'aura plus pour unique horizon la maximisation du profit pour les actionnaires. Il ne renoncera pas à créer de la valeur économique, mais celle-ci se verra assujettie aux prérogatives du bien commun et de l'avenir de la planète. Agriculture, santé, éducation et formation, ville durable, *silver* économie, mais aussi transports décarbonés, services aux collectivités et énergies propres sont autant de secteurs phares, et déjà dynamiques, de cette économie. Pourvoyeurs d'emplois non délocalisables, riches de savoir-faire exportables dans le monde entier, ces pôles où la France a tous les atouts pour exceller sont aussi et surtout créateurs de lien social. Ils construiront le socle d'un nouveau pacte civique où les savoirs de chacun – théoriques mais aussi savoir-faire techniques, artisanaux ou artistiques – seront sur un pied d'égalité.

Le nouveau pacte civique ne se développera pas à la faveur de beaux discours et d'injonctions péremptoires, mais dans des pratiques et des actes – en partant du bas. Il prendra racine dans les concertations et les démarches locales pour s'étendre jusqu'à la tête de l'État et dans tout le pays. Déjà, des réseaux d'acteurs publics et privés se mobilisent pour organiser dans les territoires la transition écologique ou gérer au mieux le vieillissement démographique. L'État doit les encourager ; mieux : les aider à passer à l'échelle nationale en les connectant et en les agrégeant. Partout, des entrepreneurs sociaux, des dirigeants associatifs, des défricheurs montent des tiers-lieux ou réinstallent des cafés dans les petites villes désertifiées, et des associations et des entreprises innovantes se créent dans les métropoles comme dans la ruralité. L'intelligence collective est présente, déjà à l'œuvre.

Nous avons les infrastructures et les intelligences. Ne nous manque plus que l'ardeur – et elle doit être comparable à celle qui animait les Résistants de 1944-1945. Celle-ci ne viendra pas d'un quelconque homme providentiel. Elle prendra forme dans l'engagement de chacune et chacun d'entre nous, d'entre vous qui œuvrez dans des associations, des entreprises, des communes, des syndicats, des services publics... Nous détenons chacune et chacun une pièce du puzzle ; une partie de l'équation. Comme ces dessins d'enfant, il nous reste à relier les points. C'est ainsi qu'émergera un nouveau modèle français.

NOTES

INTRODUCTION

1. Voir par exemple Marcel Gauchet, avec Éric Conan et François Azouvi, *Comprendre le malheur français*, Stock, coll. « Les Essais », 2016.
2. Source : INSEE-Eurostat, « Satisfaction dans la vie en Europe », 2020 (données 2018).
3 La réflexion la plus synthétique sur le volet économique du modèle français d'après-guerre est développée par Pascal Gauchon dans *Le modèle français depuis 1945*, PUF, 2015 (5e édition).

PARTIE 1

1. Charles de Gaulle, *Mémoires*, Gallimard, coll. La Pléiade », 2021.
2. Marc Bloch, *L'Étrange Défaite* [1946], Gallimard, coll. « Folio histoire », 1990, p. 207.
3. Sur ce sujet, voir les développements de Richard Kuisel dans *Le Capitalisme et l'État en France, Modernisation et dirigisme au XXe siècle*, Gallimard, 1984.
4. André Philip, « Réformes économiques de structures », *Études et documents*, I-2, mars-avril 1945, p. 5.
5. Voir Régis Boulat, « Jean Fourastié, apôtre de la productivité – Dire et administrer le "progrès" » dans Christophe Bonneuil, Céline Pessis, Sezin Topçu, *Une autre histoire des « Trente Glorieuses »*, La Découverte/Poche, coll. « Sciences humaines et sociales », 2016, p. 81-98.
6. Jean Fourastié, *La Civilisation de 1960*, PUF, 1950, p. 8.

7. Sur ce sujet, voir le livre de Richard Kuisel, *Le Miroir américain, 50 ans de regard français sur l'Amérique*, JC Lattès, 1996 (trad. Elie-Robert Nicoud) et notamment « Chapitre IV : Les missionnaires du plan Marshall ».
8. Jean Monnet, Audition des commissions des affaires économiques et de la production industrielle du Conseil de la République, séance du 3 mai 1950.
9. Jean-Baptiste Fressoz et François Jarrige, « L'histoire et l'idéologie productiviste – Les récits de la "révolution industrielle" après 1945 », dans Céline Pessis, Sezin Topçu et Christophe Bonneuil, *Une autre histoire des « Trente Glorieuses »*, La Découverte/Poche, coll. « Sciences humaines et sociales », 2016.
10. Raymond Vernon « *International Investment and International Trade in the Product Cycle* », *Quaterly Journal of Economics*, 2, 1966, p. 190-207.
11. Jean Fourastié, *La Civilisation de 1960*, PUF, coll. « Que sais-je ? », n° 279, 1947. Ce livre s'inspire du livre de Colin Clark, économiste productiviste américain, qui avait publié en 1940 *The Economics of 1960.*
12. *Ibid.*
13. Marc Bloch, *op. cit.*
14. Mentionné dans Pascal Gauchon, *Le Modèle français depuis 1945*, PUF, 2015 (5e édition).
15. Richard Kuisel, *op. cit.*, p. 353.
16. Jean Monnet, *Mémoires*, Fayard, coll. « Histoire », 1988.
17. *Ibid.*, p. 344.
18. Brouillon d'une lettre à Gouin, 12 février 1946.
19. François Bloch-Lainé et Jean Bouvier, *La France restaurée : Dialogue sur les choix d'une modernisation (1944-1954)*, Fayard, 1986, p. 139.
20. Sur ce sujet, voir l'étude de Benn Steil, *Le Plan Marshall – À l'aube de la Guerre Froide*, Les Belles Lettres, 2020 (trad. John E. Jackson).
21. Pierre Laroque, « Quarante ans de Sécurité sociale », dans *Revue française des affaires sociales*, numéro spécial de juillet-septembre 1985.

22. Jean-Pierre Le Goff, *La Presse de la Manche,* 26 janvier 1961.
23. François Bloch-Lainé, *op. cit.*, p. 85.
24. Sur ce sujet, voir Eugen Weber, *La Fin des terroirs : La Modernisation de la France rurale, 1870-1914*, Fayard/Pluriel, 2011 (rééd.).
25. Pascal Byé, « Mécanisation de l'agriculture et industrie du machinisme agricole : le cas du marché français », *Économie rurale,* n°130, 1979, p. 46-59.
26. Lucien Bourgeois, Magali Demotes-Mainard, « Les cinquante ans qui ont changé l'agriculture française », *Économie rurale,* 2000, pp. 14-20.
27. Henri Mendras, « Vingt ans après », postface, dans *La Fin des paysans,* Actes Sud, coll. « Babel », 1992, p. 365.
28. Georges Perec, *Les Choses,* dans *Œuvres,* t. I, Gallimard, coll. « La Pléiade », 2017, p. 58.
29. Le livre à succès de Jean-François Gravier, *Paris et le désert français* (Flammarion, 1958), a abondamment contribué à nourrir cette fable.
30. Elsa Triolet, *Roses à crédit,* Denoël, 1959.
31. Jean-Pierre Le Goff, *op. cit.*, p. 168.
32. Henri Lefebvre, *Critique de la vie quotidienne,* t. I, *Introduction,* L'Arche, 1958.
33 Guillaume Cuchet, *Comment notre monde a cessé d'être chrétien,* Seuil, 2018.
34. Georges Perec, *op. cit.*, p. 8.
35. Prospectus publicitaire mentionné par Jean-Pierre Le Goff, *op. cit.*
36. *Ibid.*, p. 16.
37. *Ibid.*, p. 18.
38. *Ibid.*, p. 19.
39. Kristin Ross, *Rouler plus vite, Laver plus blanc – Modernisation de la France et décolonisation au tournant des années 60*, Flammarion, 2006.
40. *Ibid.*, p. 48.
41. Henri Mendras, *op. cit.*

42. Philippe Ariès, *Histoire des populations françaises et de leurs attitudes devant la vie depuis le* XVIII*e siècle*, réédition corrigée de l'ouvrage paru en 1948, Seuil, 1979.
43. Henri Mendras, *op. cit.*, p. 48.
44. *Vincent, François, Paul… et les autres*, film de Claude Sautet, 1974.
45. Charles de Gaulle, *Mémoires d'espoir*, Gallimard, coll. « La Pléiade », 2020.
46. Jean-François Sirinelli, *Ce monde que nous avons perdu*, Taillandier, 2021.
47. François Hartog, *Régimes d'historicité – Présentisme et expériences du temps*, Seuil, 2003, p. 157.
48. Élie Cohen, *L'État brancardier, Politiques du déclin industriel (1974-1984)*, Calmann-Lévy, 1989.
49. J'emprunte cette expression à Jean-François Sirinelli dans *Ce monde que nous avons perdu, Une histoire du vivre-ensemble*, Tallandier, 2021.
50. Jean-Pierre Chevènement, *Qui veut risquer sa vie la sauvera – Mémoires*, Robert Laffont, 2020.
51 Ici, on ne peut que souscrire à l'analyse développée par Pascal Gauchon dans *Le modèle français depuis 1945*, PUF, 2015 (5e édition).
52. Source : « État de l'Enseignement supérieur, de la Recherche et de l'Innovation », n°10, avril 2017, brochure du MESR.
53 Source : Insee.
54. Pierre Rosanvallon, *La Crise de l'État-providence*, Seuil, 1981.
55. Rawi Abdelal, « *The Paris Consensus : France and the Rules of Global Finance* », dans *Critique Internationale*, volume 28, Issue 3, 2005, p. 87-115.
56. André Gorz, « Pourquoi la société salariale a besoin de nouveaux valets », *Le Monde Diplomatique*, juin 1990, p. 22-23.
57. Thomas Piketty, *Capital et Idéologie*, Le Seuil, coll. « Les Livres du nouveau monde », 2019, p. 845
58. David Goodhart, *La Tête, la Main et le Cœur*, Les Arènes, 2020 (trad. Bérengère Viennot).

59. INSEE, « Enquête mobilité des personnes : une enquête sur les déplacements des personnes et leurs modes de transport », 2018, Paris.
60. Sur ce sujet, voir David Goodhart, *op. cit.*
61. Aurélien Delpirou, « La couleur des gilets jaunes » dans *Le fond de l'air est jaune – Comprendre une révolte inédite*, collectif, Seuil, coll. « Sciences humaines », 2019.

PARTIE 2

1. https://news.un.org/fr/story/2018/05/1014202
2. Charles Nicolle, *Destin des maladies infectieuses*, PUF, 1939.
3 Sur ce sujet, voir Norman Cohn, *Les Fanatiques de l'Apocalypse, Pseudo-Messies Prophètes et Illuminés du Moyen-Âge*, Julliard, 1962 (trad. Simone Clémendot).
4. Mathieu Lefevre et Anaïz Parfait, « Réconcilier les Français grâce à l'environnement ? », note de travail Kantar/Destin commun dans le cadre de la série « La France en quête », 4 février 2020.
5. Cette proposition fait écho à d'autres réflexions. Voir notamment : Dominique Bourg et Kerry Whiteside, *Vers une démocratie écologique : Le citoyen, le savant et le politique*, Le Seuil, coll. « La République des Idées », 2010 ; et François Cornut-Gentille, *Savoir pour pouvoir, Sortir de l'impuissance démocratique*, Gallimard, coll. « Le Débat », 2021.
6. À ce sujet voir Pierre Martin, *Crise mondiale et systèmes partisans*, Presses de Sciences Po, 2018.
7. Simone Weil, « L'Enracinement » (posth. 1949), dans *Œuvres*, Gallimard, coll. « Quarto », 1999, p. 1052.
8. Pierre Merlin, *L'Exode urbain*, La Documentation française, 2009.
9. *Ibid.*
10. Aurélien Bellanger, *Le Grand Paris*, Gallimard, 2017.
11. Laurent Davezies, *L'État a toujours soutenu ses territoires*, Seuil, coll. « La République des Idées », 2021.

12. Daniel Béhar, « Le faux déclin des métropoles », https://www.lesechos.fr/idees-debats/cercle/opinion-le-faux-declin-des-metropoles-1290196
13. Étude Kantar pour La Fabrique de la Cité, « Les Français et les villes moyennes », 25 novembre 2020.
14. Agence nationale de la cohésion des territoires (ANCT) et Conseil supérieur du notariat (CSN), « Baromètre de l'immobilier des villes moyennes », 15 juin 2021.
15. IFOP, en partenariat avec Villes de France, Banque des Territoires et Agence nationale de la cohésion des territoires (ANCT), « Le regard des Français sur les villes moyennes », 8 septembre 2020.
16. Enquête Harris réalisée du 4 au 8 novembre 2020 pour le ministère du Travail.
17 Fernand Braudel, *L'identité de la France*, Flammarion, coll. « Mille et une pages », 2011.
18. Sur ce sujet voir Laurent Davezies, *La République et ses territoires*, Seuil, coll. « La République des Idées », 2008.
19. Sur ce sujet, voir notamment Vincent Grimault, *La Renaissance des campagnes. Enquête dans une France qui se réinvente*, Seuil, 2020.
20. Jérôme Fourquet et Sylvain Manternach, « Les ressorts du vote EELV aux élections européennes », note pour la Fondation Jean-Jaurès, 20 septembre 2019.
21. Vincent Grimault, *op. cit.*
22. Quatre organisations de protection de l'environnement et de solidarité internationale ont saisi la justice pour que les droits fondamentaux soient garantis face aux changements climatiques.
23. Kantar/Destin commun, *op. cit.*
24 Sur ce sujet, voir les excellentes remarques de Pascal Gauchon dans *Le modèle français depuis 1945*, PUF, 2015 (5e édition).
25. Charles de Gaulle, *Mémoires*, 3 tomes, Plon, 1954-1959.
26. Karl Marx, *Le Capital* (1867-1873), livre I
27. Les réflexions qui suivent s'inscrivent largement dans le sillage de l'analyse développée par Robert Boyer dans *Les Capitalismes à l'épreuve de la pandémie*, La Découverte, 2020.

Voir également les réflexions stimulantes et convergentes de Jacques Attali dans *L'économie de la vie*, Fayard, 2020 ainsi que de Pierre Veltz dans *L'économie désirable*, Seuil, coll. « La République des Idées », 2021.

28. Source : Amazon.
29. Source : Apple.
30. Les fonds de capital-risque sont des fonds d'investissements spécialisés dans les prises de participation dans des sociétés non bénéficiaires, peinant à obtenir des prêts bancaires, mais présentant un fort potentiel de développement (innovations, nouvelles technologies...), et donc d'importants retours sur investissement possibles, bien que non garantis.
31. Pratique consistant à créer un contexte favorable à l'accueil de nouvelles entreprises en abaissant fortement les contraintes en matière de fiscalité comme de protection sociale et de l'environnement.
32. Source : Insee.
33 Source : Insee.
34. Sur le site www.geoportail.gouv.fr
35. Voir David Medioni, *Être en train : Récits sur les rails*, éditions de l'Aube, 2021.
36. Fernand Braudel, *L'Identité de la France*, t. I *Espace et Histoire*, Arthaud-Flammarion, 1992.
37. Source : INSEE.
38. Jean Giono, *Lettre aux paysans sur la pauvreté et la paix* [1938], Heros-Limite éditions, 2013.
39. Pierre Caye, *Durer : éléments pour la transformation du système productif*, Les Belles Lettres, 2020.
40. Eloi Laurent, *Et si la santé guidait le monde ?*, Les liens qui libèrent, 2020.
41. Pierre Veltz, *La Société hyper-industrielle – Le nouveau capitalisme productif*, Seuil, coll. « La République des idées », 2017.
42. Production, issue des biotechnologies, de molécules biologiques (protéines, anticorps, hormones...) par des systèmes cellulaires vivants. Elle constitue une avancée majeure

dans le traitement de maladies pour lesquelles les molécules chimiques se révèlent peu efficaces : pathologies dégénératives, rares ou chroniques, cancers…

43. Sur ce sujet voir : Mariana Mazzucato, *L'État entrepreneur, pour en finir avec l'opposition public-privé* [2015], Fayard, 2020, pour la traduction française.
44. *Ibid.*
45. McKinsey & Company, « Réussir la transition de l'Europe vers la neutralité carbone », rapport, juin 2021.
46. Voir Pierre-Henri Daure, « La mixité des âges à travers l'histoire d'un espace intergénérationnel innovant à Saint-Apollinaire en Côte-d'Or », p. 311-320, dans Catherine Bergeret-Amselek (dir.), *Vivre ensemble, jeunes et vieux, Un défi à relever*, Érès, 2015.
47. Luc Broussy, « Nous vieillirons ensemble… 80 propositions pour un nouveau Pacte entre générations », rapport interministériel sur l'adaptation des logements, des villes, des mobilités et des territoires au vieillissement de la population, mai 2021.
48. *Ibid.*
49. Matthew Crawford, *Éloge du carburateur*, La Découverte, coll. « Cahiers libres », 2010, p. 25.
50. Étude réalisée en 2019 conjointement par l'entreprise Havas et le *World Business Council for Sustainable Development* pour promouvoir auprès des annonceurs les nouvelles pratiques de consommation et les nouveaux usages au sein de la population, plus sobres et plus conviviaux, afin qu'ils adaptent leurs campagnes publicitaires à des modes de vie plus soutenables.
51. Sur ce sujet, voir Jean Viard, *La Révolution que l'on attendait est arrivée*, éd. de l'Aube, 2021.
52. Une étude *OpinionWay* et *Alkemics* de mars 2021 montre que 44 % des Français bricolent au moins une fois par mois et que 27 % d'entre eux bricolent plus souvent qu'avant depuis le confinement de mars 2020.

53. Selon la distinction entre le « travail » et « l'œuvre » proposée par Hannah Arendt dans *L'Humaine Condition* [1958-1972], Gallimard, coll. « Quarto », 2012 (trad. Philippe Raynaud).
54. Sans prendre en compte la CSG.
55. Julien Gracq, *Nœuds de vie*, José Corti, 2021 (posthume), p. 45.
56. Bertrand de Jouvenel, *Arcadie, Essais sur le mieux-vivre*, Gallimard, coll. Tel, 2002 (rééd.).
57. L'expression est de Jean Viard, dans *La Révolution que l'on attendait est arrivée*, *op. cit.*
58. Ces exemples sont présentés dans le film de Cyril Dion et Mélanie Laurent, *Demain*, sorti en salles en 2015.
59. Sabine Barles, « Le métabolisme urbain et la question écologique », dans *Les Annales de la recherche urbaine*, n° 92, 2002, p. 143-150.
60 Sur ce sujet, je renvoie aux excellentes remarques de Pierre Caye dans *Durer : éléments pour la transformation du système productif*, Les Belles Lettres, 2020.
61. Bertrand de Jouvenel, *op. cit.*
62. Yann Algan, Clément Malgouyres et Claudia Senik, « Territoires, bien-être et politiques publiques », note du Conseil d'analyse économique (CAE), n°55, janvier 2020.
63. Sur ce sujet, voir Florence Aubenas, « Gilets jaunes : la révolte des ronds-points », 17 décembre 2018. URL : https://www.lemonde.fr/societe/article/2018/12/15/sur-les-ronds-points-les-gilets-jaunes-a-la-croisee-des-chemins_5397928_3224.html
64. Pour une réflexion précise sur ces sujets, voir Philippe Estèbe, *L'Égalité des territoires, une passion française*, PUF, 2015.
65. Sur ce sujet, se reporter également aux remarques de Philippe Estèbe dans *Gouverner la ville mobile : Intercommunalité et démocratie locale*, PUF, 2008.
66. Magali Talandier, « L'émergence des systèmes productivo-résidentiels », XLIXe colloque de l'ARSDLF : « Industries, villes et régions dans une économie mondialisée », juillet 2012, Belfort, France. URL : https://halshs.archives-ouvertes.fr/halshs-00841919/document

67. Ici, mes réflexions convergent avec celles de François Cornut-Gentille dans *Savoir pour pouvoir – Sortir de l'impuissance démocratique*, Gallimard, coll. « Le Débat », 2021.
68. Collectif « Nos Services Publics », « 160 Md€ d'externalisation par an : comment la puissance publique sape sa capacité d'agir », note n°1, avril 2021.
69. Selon l'expression de Jules Michelet.
70. Étude *Trends in Mathematics and Science Study* (Timss) 2019. Timss est une étude comparative qui mesure le niveau des connaissances scolaires des élèves de CM1 et de 4e en mathématiques et en sciences. Elle a pour objectif d'interpréter les différences entre les systèmes éducatifs pour améliorer l'enseignement et l'apprentissage. Organisée tous les quatre ans, l'étude 2019 s'est déroulée au mois de mai : du 6 au 29 pour les CM1 et du 13 au 24 pour les élèves de quatrième.
71. IFOP/LICRA, « Enquête auprès des lycéens sur la laïcité et la place des religions à l'école et dans la société », 2 mars 2021.
72. Sur ce sujet voir Caroline Fourest, *Génération offensée*, Grasset, 2020.
73. Patrick Weil, *De la laïcité en France*, Grasset, 2021.

REMERCIEMENTS

Qui est le fou qui a le premier prétendu qu'un livre est une œuvre solitaire ? Comme un film ou une pièce de théâtre, c'est un travail d'équipe. C'est pourquoi je remercie chaleureusement mon éditeur Guillaume Allary et son équipe. À commencer par Laurence d'Aboville ainsi que Stéphane Desa, pour son accompagnement aussi discret que minutieux.

J'adresse aussi mes remerciements les plus chaleureux à Claire Durrieu, Xavier Jaravel et Nathan Maurel, pour leur relecture aussi bienveillante qu'exigeante.

Je remercie enfin Jessica Flore Angel pour son accueil, toujours prévenant, toujours stimulant, au château du Feÿ.

TABLE DES MATIÈRES

PARTIE 2
VERS LE NOUVEAU MODÈLE FRANÇAIS

www.allary-editions.fr

Création graphique de la couverture : Raphaëlle Faguer

Ouvrage composé en Plantin
par Patrick Leleux PAO

Cet ouvrage a été imprimé sur du papier issu
de forêts gérées de manière responsable.

FSC
www.fsc.org
MIXTE
Papier issu de
sources responsables
FSC® C003309

ISBN : 978-2-37073-365-8
Achevé d'imprimer par
Normandie Roto Impression s.a.s.
61250 Lonrai

--

N° d'impression : 2103423
Dépôt légal : septembre 2021.

Imprimé en France